POÉSIES ÉROTIQUES,

PAR

P.-F. TISSOT.

TOME PREMIER.

Poésies.

———

PARIS.

DELAUNAY, LIBRAIRE-ÉDITEUR,
PALAIS-ROYAL.

P.^{re} F.^{ois} TISSOT

(Poète et Prosateur),

Ex Professeur de Poèsie au Collège de France.

Né à Versailles le 10 Mai 1768.

POÉSIES

Érotiques

Par

P. F. TISSOT.

Tome Premier

POÉSIES

Paris

DELAUNAY, Libraire,

Palais Royal.

ESQUISSE

SUR

LA POÉSIE ÉROTIQUE *.

La poésie érotique est partout : dans la Bible, elle peint avec une simplicité que le génie de Milton a su orner, sans la détruire, les amours d'Adam et d'Ève, leur chaste nudité, leurs plaisirs voilés par la seule innocence. Non moins naïve que l'Odyssée, la Bible nous raconte, soit la tendresse de Rébecca pour Isaac, et la constance de Jacob, soit la manière dont la jeune Ruth trouva

* Ce morceau est extrait d'un travail sur la poésie érotique.

grâce devant Booz, sa docilité aux conseils de Noëmi, la pureté du commerce de la vierge moabite avec le vieillard, et leur union devant le peuple. La même candeur préside aux récits que la Bible nous fait de la funeste passion d'Amnon pour Thamar, ou des coupables ardeurs de David pour la femme d'Uri. Dans le Cantique des cantiques, le fils de Bethsabée, ce grand Salomon, qui fut un enfant aimable aux yeux du Seigneur, paraît garder moins de réserve que Théocrite dans l'épithalame d'Hélène. « Ce cantique, dit Bossuet, étincelle de beautés ravissantes ; ce sont partout des fleurs, des fruits, les plantes les plus belles, les plus variées, des jardins frais et délicieux, des ruisseaux limpides, le doux roucoulement des colombes et des tourterelles, et le lait et le miel et les vins les plus exquis ; pour dernier trait au tableau, c'est dans l'un et l'autre sexe la plus parfaite beauté, les grâces les plus séduisantes, d'innocens baisers, de chastes embrassemens, les caresses délicieuses d'un amour vertueux. » Une mystérieuse et sainte allégorie a pu faire illusion à l'orateur sacré ; mais pour nous profanes, nous ne voyons ici que la plus brûlante image des plaisirs de la terre, célébrée avec le luxe des peintures de l'Orient, par un jeune prince enivré de tous les philtres de l'amour et de la beauté, au milieu des séductions d'une cour magnifique, et des voluptueuses impressions d'un climat embaumé des parfums, du nard, de la myrrhe et de l'encens.

Toujours simple, même dans sa grandeur, mais un peu plus parée que la Bible ne l'est ordinairement, l'Iliade représente deux scènes de volupté, l'une à Troie, dans la chambre nuptiale de Pâris et d'Hélène, l'autre sur les sommets du Gargare, entre Jupiter et Junon. Elles montrent presque sans voile les mystères de Vénus, mais pourtant elles ont leur pudeur, et donnent à l'hymen les grâces de son frère. On connaît le prélude charmant de la seconde de ces deux scènes, l'allégorie de la ceinture magique où se trouvaient réunis tant de charmes, l'amour, les tendres désirs, les doux entretiens, et ces accens qui dé-

robent en secret le cœur du plus sage ; on se
rappelle l'effet de tous ces enchantemens sur le
maître des dieux, l'ardeur de sa flamme qui parle
comme celle de Pâris à Hélène, cette feinte pudeur des délais de Junon, qui enflamme encore
l'ardeur de son immortel époux, le nuage d'or
qui dérobe à tous les yeux les maîtres du monde,
cédant à Vénus comme les mortels. La terre, dit
le poëte, fait naître pour les divins époux un lit
de verdure, le frais lotos, le safran et la tendre
hyacinthe qui les soulèvent mollement. Ils re-
posent sur cette couche parfumée, et lui donnent pour voile et pour dais un nuage d'or qui
distille une brillante rosée. La muse érotique
réclame cette peinture comme l'une de ses plus
agréables créations ; avouons toutefois que Milton, imitateur de ce passage d'Homère, a bien
surpassé le modèle. Quelle différence des bosquets
du Gargare au jardin des Délices de nos premiers
parens ! Combien aussi l'innocence, la grâce, la
tendresse et la pudeur de la jeune Ève l'empor-
tent sur les séductions et les projets de Junon,

qui emprunte le secours d'une autre déesse pour ranimer l'ardeur de l'époux dont elle veut endormir et tromper la vigilance !

Où trouver dans Homère ces images que Delille a reproduites avec tant d'élégance !

La nature inspirait ses innocens refus.
Je la suis, sa fierté ne me résiste plus,
Le devoir en triomphe, et sa noble innocence
Obéit avec grâce, et cède avec décence :
Sa docile pudeur m'abandonne sa main.
Je la prends, je la mène au berceau de l'hymen,
Fraîche comme l'aurore, et rougissant comme elle ;
L'on me félicitait en la voyant si belle.
Pour nous ces globes d'or qui roulent dans les cieux
Épuraient leurs rayons et choisissaient leurs feux ;
Les oiseaux par leurs chants, l'onde par son murmure,
A fêter ce beau jour invitaient la nature ;
Les coteaux, les vallons semblaient se réjouir,
Les arbres s'incliner, les fleurs s'épanouir, etc.

L'entrevue d'Anchise avec Vénus en qui Jupiter lui-même a fait naître les tendres ardeurs du désir, afin de mêler, par son entremise, le sang des dieux à celui des mortels, et d'enfanter une

*a**

race de héros, est pleine de volupté ; mais la déesse qui vient s'offrir elle-même comme épouse à un pasteur, en achetant son triomphe par un mensonge, blesse, sans avoir l'excuse de l'ingénuité de la Chloé de Longus, les mœurs d'une vierge dont elle emprunte le caractère, et manque de cette retenue, le plus grand charme de son sexe. Veut-on voir au contraire les premières impressions du sentiment le plus doux dans un cœur innocent? On en verra la naïve expression dans les paroles de la fille d'Alcinoüs, dont Minerve a disposé le cœur à la pitié pour les malheurs d'un héros. Le bon Homère ne garde pas toujours la même réserve, témoin l'aventure de Vénus surprise avec le dieu Mars par Vulcain, la colère de l'époux trompé, le réseau d'or qui retient les deux coupables enchaînés sur le théâtre de leur crime, le rire immodéré des dieux de l'Olympe, et les vœux de Mercure qui voudrait subir le même châtiment pour la même faute.

Le terrible Eschyle a fait parler la tendre Érato
sur le théâtre d'Athènes, par l'organe de la fille
d'Inachus, à qui l'amour envoyait des songes de
Jupiter, et surtout par la bouche des Suppliantes.
« Déesse de Cythère, disent-elles à Vénus, préserve-
nous d'un hymen imposé par la violence ; c'est
un odieux combat que celui de la haine contre
l'amour. Tu t'assieds, ainsi que Junon, auprès de
Jupiter, et ton pouvoir se signale par des coups
éclatans. Mère de la nature et de l'amour, nous
ne voulons pas mépriser ton culte ; nous ne voulons pas fermer nos cœurs à la douce persuasion
qui triomphe même des dieux ; mais, Vénus, souviens-toi que les jeux des amours ne peuvent vivre
que sous les lois de l'harmonie. »

Euripide passe pour n'avoir point aimé les femmes ; il les a même outragées sur la scène d'une
manière aussi déraisonnable qu'indécente, aussi
contraire à la tragédie qu'aux convenances socia-
les ; cependant, aucun poëte ne les a fait parler
d'une manière plus touchante dans leurs afflictions,
plus gracieuse dans leurs amours. Ce tragique,

qui a fouillé dans les derniers replis du cœur humain pour y surprendre l'expression de la véritable douleur, qui a versé tant de larmes éloquentes sur les grandes infortunes, a trouvé des grâces toutes particulières, un coloris plein de fraîcheur pour retracer les riantes fictions de la mythologie païenne sur le dieu de l'amour. Mais, qui le croirait? C'est dans les sujets les plus graves qu'il place des hymnes à Vénus, qui ont une espèce de beauté idéale et d'imagination que l'on demanderait en vain au chantre de Téos. Ainsi, l'atroce Médée, que la jalousie a transformée en une sœur des furies, conserve encore de riantes images de la Grèce : nous l'entendons avec étonnement s'exprimer ainsi : « Là, sur les rives du beau Céphise, on dit que Cypris, puisant une onde pure, répand sur les lieux d'alentour la douce haleine des vents tempérés ; elle entremêle à ses cheveux des guirlandes de roses qui répandent un doux parfum, et envoie les Amours en tous lieux pour servir de ministres à la sagesse, et protéger les travaux de la vertu. Ces fleuves sacrés, cette ville religieuse

recevront-ils une mère impie et dénaturée? » Euripide emprunte aussi la voix d'Hercule pour faire
entendre un chant semblable à ceux d'Anacréon,
au milieu du deuil de la maison d'Admète.

Dans l'Andromaque du même poëte, nous
trouvons ce brillant tableau du jugement de Pâris, auteur de la ruine d'Ilion.

« Fils de Jupiter et de Maïa, que de maux tu fis
à la terre, lorsque sur les forêts de l'Ida tu con-
duisis le char brillant des trois déesses, armées
par la main de la fatale Discorde pour le combat
de la beauté, vers la demeure solitaire d'un jeune
et charmant pasteur !

» A l'ombre des bosquets touffus coulent des
sources vives et d'une fraîcheur délicieuse ; les
déesses baignent dans une onde pure leurs corps
d'une blancheur éblouissante, et, se disputant
l'une à l'autre avec fierté le rang suprême, elles
s'adressent au beau Priamide : mais l'artificieuse
et riante Cypris le séduit par de doux regards ; et
ces regards ont renversé les tours orgueilleuses
de la malheureuse Pergame. »

Maintenant, voici un hymne, où l'amour de la patrie, les doux ressouvenirs de la jeunesse, les traditions de la fable, et les enchantemens de la Grèce sont réunis pour nous faire aimer ce pays du génie, des arts, de l'amour et des plaisirs ; l'hymne est adressé par le chœur au vaisseau qui va ramener Hélène sur les bords de l'Eurotas, dans le palais qui l'a reçue vierge, et qui a retenti des chants d'hymen répétés par les vierges, ses compagnes, lorsqu'elle fut remise entre les bras du trop heureux Ménélas.

« O vaisseau de Sidon, souverain des ondes, vaisseau rapide autour duquel les dauphins forment mille danses variées, vole sur la plaine liquide, pendant que la mer te sourit, et que Galatée, fille de l'Océan, semble crier à tes matelots : Abandonnez les voiles à la douce haleine des vents ; courbez-vous sur la rame ; hâtez-vous de rendre Hélène aux rivages fortunés de Mycène.

» Peut-être trouvera-t-elle sur les rives du fleuve les prêtresses des Leucippides ; peut-être, près du temple de Pallas, se mêlera-t-elle aux danses sacrées auxquelles elle est depuis long-temps étrangère, pour célébrer les fêtes nocturnes d'Hyacinthe.... Hyacinthe, qui fut atteint d'un disque lancé par la main d'Apollon. Ce dieu, pénétré de douleur, voulut que la Laconie consacrât le jour de sa mort à des sacrifices solennels. Là elle rencontrera sa fille pour qui les flambeaux de l'hymen n'ont point encore été allumés.

» Plût au Ciel que nous pussions nous élever dans les airs, comme, lorsque l'hiver vient attrister la nature, on voit les oiseaux de Libye, dociles à la voix de leur chef, s'assembler par troupes nombreuses, et chercher, en chantant, les lieux secs et les terrains fertiles. Volez, oiseaux légers, dont le cou long et flexible s'élève et se courbe avec grâce ; volez, émules des nuées, dirigez votre course rapide au milieu des pléiades et du nocturne Orion : reposez-vous aux bords de l'Eurotas, et répandez-y la nouvelle que Ménélas, vainqueur de Troie, retourne dans sa patrie.

» Venez, illustres fils de Tyndare, fendez l'ai
sur un char traîné par des coursiers fougueux
traversez les tourbillons des astres brillans : soye
les sauveurs d'Hélène. Faites souffler du haut de
cieux, sur les flots écumans de la mer orageuse
un vent doux et favorable : rendez à une sœur che
rie l'honneur que lui ravit l'injuste renommée.

Citerai-je encore deux strophes tirées d'u
hymne d'amour que je trouve dans le grav
sujet d'Iphigénie en Aulide? C'est une jeune
vertueuse épouse qui parle devant la déesse :

« Suites affreuses d'un fol amour ! heureux ce
qu'unit un chaste et tranquille hymen sous l
lois de la sage déesse Vénus ! La fureur au co
traire agite ceux que Cupidon a blessés de s
flèches. Ce dieu aux tresses blondes a deux sort
de traits : avec les uns il fait le bonheur de not
vie ; avec les autres il y jette le trouble et la co
fusion. Écartez, charmante Vénus, écartez de n
cœurs ces traits empoisonnés : quelque beau
et de chastes amours, voilà tout ce que je vo
demande. Faites-moi goûter les douceurs de l'

mour, et garantissez-moi de sa fatale ivresse. »

Horace dans ses plus heureuses compositions a-t-il rien d'aussi gracieux, d'aussi doux, que ces deux strophes, qui renferment une morale variée et une prière du cœur adressée par la pudeur à la déesse de la beauté, si chère au maître des dieux? Mais dans quel poëte de Rome existe-t-il une composition qui ait la plus légère ressemblance avec cet hymne d'Hippolyte à Diane?

« Salut, ô la plus belle des vierges qui habitent les demeures de l'Olympe! Reçois cette couronne que mes mains ont tressée; j'en ai cueilli les fleurs dans une prairie vierge comme toi. Jamais les bergers n'y ont conduit leurs troupeaux, jamais le fer ne l'a moissonnée; la seule abeille du printemps en effleure la surface; la pudeur seule en arrose les fleurs toujours renaissantes. Les cœurs ingénus auxquels l'art n'a rien appris, les mortels innocens pour qui la sagesse est un présent de la nature, ont seuls le droit de visiter cet asile interdit aux profanes. Reçois, déesse tutélaire, cet ornement sacré, dont ma main religieuse se plaît à orner ta chevelure. »

Ne croirait-on pas entendre ici les prières d'une vierge dont les pensées sont pures comme celles de la déesse, mais dont l'accent est si doux qu'il fait comprendre quel charme auront les paroles de l'amour quand elles sortiront pour la première fois d'un cœur si tendre et si religieux ? »

Nous avons perdu les ouvrages d'Alcée, de Sthésicore, de Simonide et de beaucoup d'autres favoris du dieu des vers qui chantaient sur la même lyre la haine des tyrans, l'amour de la patrie et les charmes de la volupté. Il ne nous reste plus rien des femmes qui furent les rivales de ces hommes célèbres. A peine pouvons-nous concevoir une idée du génie de Sapho, par les deux pièces que Longin et Denys d'Halicarnasse nous ont conservées. Il faut d'autant plus regretter les inspirations brillantes et variées de cette docte élève des muses, qu'elle peignait dans ses vers une passion ardente et malheureuse, dont le génie et la gloire n'avaient pu triompher.

Femme, victime de l'amour, et poëte, Sapho nous eût révélé sans doute plus d'un mystère inconnu au léger Anacréon.

Pour le chantre de Téos, l'amour est un ministre de plaisir qui n'a jamais vu passer un nuage sur le front de son maître. Le poëte et le dieu sont familiers ensemble ; ils se couronnent tous deux de roses, ils boivent dans la même coupe un nectar délicieux, et composent de moitié des hymnes à Cypris, qui chérit le décent Bacchus, les Grâces ses compagnes, Mercure le maître de l'éloquence et Apollon l'inventeur de la lyre. Anacréon joue avec la mort comme avec tout le reste ; dans sa voluptueuse sécurité sur l'avenir, la vie est pour lui un banquet ; il en sortira sans murmurer, comme on sort de table, au signal donné par le maître de la maison. Je ne suis pas certain que le faible Horace fera bonne contenance devant la mort ; mais, pour Anacréon, je réponds de lui : il expirera le sourire sur les lèvres ; il sera le Socrate de la volupté. Peut-être de toutes les traductions d'Anacréon, la plus fidèle et la

plus originale en même temps, est celle que Giro-
det a faite dans une suite de compositions pleines
du génie de l'antiquité : souvent même le peintre
corrige ou surpasse le poëte.

Théocrite, le maître de la poésie pastorale, a pris
toutes les formes que peut revêtir la muse érotique. Dans l'Oaristis, l'amour est un désir naïf
de la possession mutuelle entre Naïs et le berger
Daphnis, conduits tous deux par l'ivresse de l'âge
au moment de perdre leur innocence ; la séduc-
tion est réciproque et pleine de charme, la nature
seule en fait tous les frais. Vénus et tous ses enchantemens éclatent dans l'apothéose d'Adonis
que chante une femme d'Argos, qui a remporté
le prix sur Simonide. Rien de plus brûlant
et de plus gracieux que la scène où le jeune
Hylas, penché comme Narcisse sur une onde limpide, y tombe entraîné par trois nymphes devenues
folles d'amour en un moment, et qui bercent
sur leurs genoux cet enfant tout en pleurs. Racine lui-même aurait eu peine à égaler la peinture
du délire et de la jalousie, de la Simèthe de Théo-

crite, quelquefois semblable à l'amante d'Hippolyte. Que voyons-nous dans Polyphème ? Un jeune
pasteur, disgracié de la nature, condamné au
malheur d'éprouver une passion qui n'obtient
pas de retour, et qui s'irrite par la froideur et les
refus, comme celle de Phèdre ; mais si la folâtre
et charmante Galatée rebute le cyclope, les
chastes sœurs l'admettent à leur cour. L'infortuné adoucit avec la lyre une de ces douleurs
de l'âme qui n'ont pas de remède. Voici maintenant une victime encore plus intéressante de la
même passion : Daphnis est dans la fleur de l'âge,
dans tout l'éclat de la beauté ; inventeur du
poëme pastoral, on le révère presque à l'égal
d'un dieu ; long-temps rebelle à l'amour, ce dieu
mortel se voit enfin puni de son indifférence
par les mépris d'une nymphe qu'il poursuit partout. Plus malheureux que Polyphème, son génie
ne peut servir de dictame à sa douleur ; il y succombe, et s'éteint comme une fleur qui se décolore
et s'effeuille par degrés avant de quitter sa tige.

La Suisse a possédé en Gesner un rival de

Théocrite, bien moins pourtant comme poëte pastoral que comme peintre de l'amour. On respire un parfum de vertu dans les Idylles de Gesner ; ses bergers ont des mœurs sans tache qui font rougir l'antiquité, mais leurs cœurs brûlent des plus vives flammes de la passion ; et quand le poëte laisse ensemble trop long-temps Mirtile et sa maîtresse, je crains pour leur innocence les tentations et les découvertes qui surprennent Daphnis et Chloé, aimables enfans de l'imagination de Longus.

Nous passons de la Grèce à Rome : le premier introducteur de la philosophie d'Épicure dans la patrie des Brutus et des Camilles, fut aussi le premier qui fit entendre à leurs descendans les accens de la volupté qui devaient amollir ces cœurs farouches. L'invocation de Lucrèce à Vénus est, en poésie érotique, le type du beau idéal. La Grèce, qui inspira cet hymne, n'a peut-être rien enfanté qui soit digne de lui être comparé. On trouve aussi, dans le quatrième chant du poëme de la Nature des Choses, la plus vive peinture des plaisirs de l'amour, suivie des réflexions d'un sage sur le danger de se livrer à l'empire de la plus tyrannique de nos passions. C'est encore au genre érotique qu'il faut rapporter le tableau des commencemens de la société humaine, dus aux séductions innocentes de l'amour, et l'invention de la musique, présent du même dieu aux mortels.

Contemporain de Lucrèce, ami de Cicéron, Catulle, pour qui Fénélon et Racine avaient une prédilection singulière, est tour à tour brûlant comme Sapho, tendre ou passionné comme Théocrite, lyrique comme Alcée ou Simonide; il unit parfois la naïveté grecque à l'élégance de Virgile. Quelques-unes de ses poésies érotiques ont une étonnante ressemblance avec celles de Chaulieu et de Voltaire; même légèreté, même badinage, même facilité de mœurs; on prendrait le contemporain de César pour l'un des convives du Temple. Si Molière ne nous eût pas montré toute la faiblesse du Misanthrope pour la coquette et perfide Célimène, nous aurions peine à expliquer dans

Catulle les pleurs amers que lui arrache l'infidé-
lité de la volage Lesbie ; mais comment concevoir
dans un homme de si bonne compagnie, dans un
poëte qui avait tant de goût, la licence effrénée qui
souilla trop souvent l'atticisme et l'urbanité de sa
muse?

Il semble qu'un philtre particulier avait été
composé par Vénus pour Tibulle, tant il ado-
rait, avec un entier abandon, Délie, Némésis,
Néera, même infidèles, ou plutôt leur charme
était dans la tendresse du cœur de leur esclave
heureux et volontaire. Son goût pour la campagne, sa négligence des soins de la vie, sa paresse
poétique, sa rêveuse mélancolie, son culte pour
les muses, tout chez lui se tournait en amour. Il
se plaint souvent de ses maîtresses avec l'accent
de la douleur, mais sans colère ; s'il menace un
moment, il semble bientôt demander grâce même
des injures qu'il a reçues, tant il est facile au
pardon. Enfant toujours bercé par l'espérance,
un regard, un sourire, une larme le ramènent aux
pieds de Délie. Comme le chantre d'Éléonore, il

croit surtout aux caresses et n'y soupçonne pas 'absence de l'amour. S'il y eut un poëte ancien qui mit du moral dans cette passion, a dit Ginguené, ce fut Tibulle; mais ces nuances de sentiment qu'il exprime si bien sont en lui, il ne songe pas à les chercher ou à les faire naître dans ses maîtresses. Leurs grâces, leur beauté sont tout ce qui l'enflamme; leurs faveurs ce qu'il désire ou ce qu'il regrette; leur perfidie, leur vénalité, leur abandon, ce qui le tourmente. L'accord des esprits, l'union des âmes, le besoin d'épanchement, la confiance mutuelle, les doux entretiens, l'élan de deux cœurs l'un vers l'autre, ou leur élan mutuel vers ce qui est délicat, honnête et beau, rien de tout cela ne se trouve ni chez Tibulle, ni chez ses rivaux : on n'entend jamais sortir du cœur de Délie, de Corinne ou de Cinthie, ces mots qui ont tant de prix dans la bouche des femmes, parce qu'ils sont l'expression originale et naïve du sentiment. Néanmoins, et malgré l'absence de tous ces moyens d'intérêt que nous devons à d'autres mœurs, Tibulle est touchant, parce que sa douce mélancolie donne même au plaisir une teinte de tristesse et de rêverie qui en fait le charme. Il attendrit encore d'une autre manière : au milieu des scènes de la volupté, Horace rappelle la mort en philosophe qui veut s'accoutumer à elle ; Tibulle nous apparaît comme un jeune poëte frappé du pressentiment d'une fin prématurée. Dès la première de ses élégies nous le voyons le front triste et l'air abattu, il ressemble au jeune Marcellus sur qui la mort, semblable à un nuage, projette déjà une ombre funeste ; il nous invite à ses funérailles prochaines dont aucune vierge, aucun amant ne pourront revenir les yeux secs. Les compositions de Tibulle ne sont pas et ne pouvaient être exemptes de monotonie. Sous le rapport du style, un mot suffit à l'éloge de l'écrivain dont Horace consultait le goût et la candeur : Virgile, poëte érotique, ne serait pas plus parfait que Tibulle, et peut-être n'aurait-il pas autant de suavité, de mollesse et de mélodie.

Ces dons manquaient au fougueux Properce ;

mais quelle riante imagination ! quelle richesse
d'accens ! comme il se montre passionné, malgré
le tort qu'il a eu de s'abandonner au luxe de la
poésie, et d'altérer par des traits de savoir et d'esprit, également déplacés, la simplicité de la langue du sentiment ! Comme il est sans cesse oc-
cupé de Cinthie ! comme elle remplit sa vie toute
entière ! comme sa passion est pleine de tumulte
et d'orages ! comme il sait varier le cadre, les
formes, les couleurs, les expressions de ses tableaux ! Dès son début, il est en amour dans le
même état que le chantre d'Éléonore lorsqu'il
s'écrie :

Et toi, tendre amitié, plaisir pur et divin,
Non, tu ne suffis plus à mon âme égarée.
Au cri des passions qui grondent dans mon sein,
En vain tu veux mêler ta voix douce et sacrée :
Tu gémis de mes maux qu'il fallait prévenir ;
Tu m'offres ton appui lorsque la chute est faite,
Et tu sondes ma plaie au lieu de la guérir.

Rien de si mobile que le cœur d'un amant ;
l'azur du ciel, le parfum des fleurs, un souve-

nir, une espérance, le changent et le transforment; c'est ainsi que Properce, devenu plus tranquille, adresse avec autant d'élégance que de tendresse des conseils à Cinthie pour l'empêcher de profaner en elle par des ornemens ambitieux les présens de la nature. L'élégie dans laquelle Properce raconte qu'il a trouvé sa maîtresse livrée, sur sa couche de pourpre, aux songes de l'amour, respire l'ivresse d'une volupté qui n'est pas sans pudeur, et conserve une étonnante mesure de goût dans les ornemens dont le sujet a été enrichi par le poëte : Tibulle n'a pas une scène pareille.

Properce a fait plusieurs fois l'éloge de la beauté de sa maîtresse, et toujours avec des formes nouvelles; c'est à l'une des élégies du rival de Tibulle que Gentil Bernard a emprunté ce madrigal :

Qu'il est odieux, le pouvoir d'une amante !
Quand je voyais Pâris, Achille, Hector,
La Grèce en deuil et Pergame fumante,
« Quels fous ! disais-je ; Homère qui les chante
» Est plus fou qu'eux. » Je n'aimais point encor :

J'aime, et je sens qu'une beauté trop chère
De ces fureurs peut verser le poison :
J'approuve tout : rien n'est beau comme Homère ;
Atride est juste, et Pâris a raison.

Mais, dans l'auteur latin, ce trait d'esprit est un cri du sentiment qui s'échappe du cœur.

Aucun poëte ne célèbre les plaisirs et les triomphes de l'amour avec plus d'enthousiasme que Properce ; deux élégies sont consacrées à ce sujet, elles n'ont entre elles aucune ressemblance. Son pinceau prête des couleurs si magiques à la vérité, qu'il semble avoir inventé un nouveau bonheur en amour.

Properce avait autant d'esprit qu'Ovide, et n'en abusait pas avec la même facilité ; mais il a beaucoup trop prodigué les trésors de la Mythologie qu'Ovide a si habilement répandus dans une vaste composition. A l'exemple de Catulle, le prédécesseur de ses deux rivaux, l'amant de Cinthie s'était abreuvé aux sources grecques ; il avait, plus qu'aucun autre écrivain de Rome, conservé l'em-

preinte de l'école d'Athènes et le tour d'imagination de ses écrivains, sans cesser d'avoir un
caractère d'originalité. Ce caractère brille surtout dans les élégies, ou plutôt dans les hymnes
que lui ont inspirés les vertus, la grandeur et la
gloire de la reine du monde. C'est là qu'il semble
tenir quelquefois de la magnificence d'Homère, et
de la hauteur et de la gravité de Lucrèce. Properce était encore plus fait pour ceindre la couronne de laurier que celle de myrte, et c'est
par sa propre faute qu'il n'a pas atteint toute la
renommée que son génie lui promettait. Peut-être
l'aurait-il obtenue, si l'objet de son amour eût
été plus digne du culte qu'il rendait à ses charmes. Cinthie paraît plus aimable que Corinne et
Délie ; l'attrait des talens se joint en elle à tous
les autres ; elle cultive le chant, la poésie, mais
le goût des arts n'a point élevé son âme. Si, à
l'exemple des fameuses courtisanes de la Grèce,
elle annonce un esprit distingué, elle se vend aussi
à prix d'or, et n'annonce jamais les sentimens gé-
néreux des Millo, des Léena, des Phryné ; l'une

renvoyant à Cyrus les présens dont il l'avait accablée, et ne voulant conserver de lui que son amour ; l'autre, assez courageuse pour s'arracher la langue plutôt que de révéler la conspiration d'Harmodius et d'Aristogiton ; la troisième, qui eut le noble orgueil de vouloir rebâtir à ses frais la ville de Thèbes, détruite par Alexandre, sans demander d'autre salaire d'un tel bienfait qu'une inscription qui l'attestât devant la postérité. Avec une Aspasie pour maîtresse, Properce pouvait devenir l'un des grands poëtes du siècle d'Auguste.

Je ne puis m'empêcher de croire que l'ami de Mécènes et d'Auguste travaillait beaucoup ses odes à Barine ou à Glycère ; les ellipses, les hardiesses, les créations de style, la perfection de chaque détail, quoique cachés sous un air d'aisance et de facilité, n'en laissent pas moins apercevoir la trace des efforts dans un genre dont la douceur, l'abandon et la mollesse semblaient être chez les Grecs les premiers caractères. Horace a néanmoins de la simplicité ; mais cette

simplicité ressemble presque toujours à la parure
de Pyrrha, dont le négligé piquant est le fruit de
l'art le plus exquis dans une femme qui médite une
conquête. Anacréon et Horace sont deux francs
épicuriens; il existe pourtant une grande différence
entre leur manière de chanter la volupté. Le premier s'abandonne au sentiment du bonheur,
et quand son cœur en est plein, il prend sa lyre;
le second pense à nous plaire, il se met en frais
d'esprit et de gaité, comme un hôte aimable qui
veut fêter ses convives, et choisit avec délicatesse les mets variés qu'il leur présente. Les
amours d'Horace sont des fantaisies, ses maîtresses des femmes aimables, divinités indulgentes
qui ne demandent à leur adorateur qu'un culte
facile et un tribut passager.

Pour trouver dans Ovide l'un des premiers
poëtes érotiques du monde, il ne faut qu'ouvrir
ses Métamorphoses. Là il est souple, brillant,
habile à prendre toutes les formes, prodigue de
merveilles, plein de grâce et de beauté, comme
le dieu qui préside à ses chants. Il représente

avec la même vérité les fureurs de Biblis ou de
Pyrrha, les innocentes caresses de deux enfans,
les chastes feux de Procris, la violente ardeur de
Sextus Tarquin pour Lucrèce, la passion ingénue
de la curieuse et naïve Écho, la tristesse qui con-
sume la jalouse Clytie, et la flamme légère d'A-
pollon pour Daphné. Dans l'Art d'Aimer, charmante inspiration de la jeunesse et du bonheur,
Ovide est Grec par l'imagination, et Français
par l'esprit et le ton ; il rappelle tantôt le brillant
Fontenelle, tantôt le bon La Fontaine, quelquefois le naïf Regnier, plus souvent l'auteur du
Mondain ; quelques-unes de ses élégies amou-
reuses appartiennent au siècle de Louis XV.

Stace et Musée, l'un pour les amours d'Achille
et de Deïdamie, l'autre pour ceux d'Héro et de
Léandre, méritent ici un souvenir ; il faut ratta-
cher aux érotiques latins Auzone, Ange Politien,
les deux Strozzi, Pontanus, Marulle, Sannazar,
Buchanan, les Amalthée, Muret, Douza, Jean
Bonnefons, Théodore de Bèze et Jean Second, qui
ont aussi chanté l'amour dans la langue de Tibulle.

Antérieur à cette famille de poëtes plus ou moins imitateurs, le Dante avait en quelque sorte créé un nouvel amour. Il se distingue par un autre genre de naïveté que celui des Grecs, par des scènes d'une chaleur, d'une souplesse, d'une mélancolie et d'une grâce particulières. Athènes et Rome n'ont point et ne pouvaient avoir de Béatrix dans leur Olympe : objet d'une passion dont ni la mort ni le ciel n'ont pu effacer le souvenir, cette femme divine est accourue sur le seuil de la porte de l'empire infernal pour sauver son ancien ami ; elle revole à lui dans le séjour de l'espérance. Brillante d'un éclat immortel, Béatrix est la vertu sous la forme de la beauté, qui relève une grande âme déchue de sa hauteur naturelle, et promet un avenir de bonheur et d'amour céleste à celui qu'elle veut en rendre digne. Tous les poëtes érotiques de l'antiquité réunis ne sauraient balancer certaines inspirations du Dante, dans ses tableaux du Purgatoire et du Paradis, parce qu'ils n'avaient pas connu de femmes qui pussent les faire naître : d'autres mœurs ont donné des ailes à la poésie érotique pour l'aider à quitter la terre.

L'empire des femmes qui nous vient du Nord, la chevalerie, les troubadours, une religion de l'amour créée par eux, et sur laquelle la religion du Christ elle-même influait beaucoup en se combinant avec le platonisme qui donnait, il y a trois mille ans, une origine et un caractère célestes à la plus douce de nos passions, avaient échauffé le génie du Dante; elles inspirèrent aussi Pétrarque. Image de Béatrix divinisée, Laure fut pour son amant un ange sur la terre. Voilà ce qui met un intervalle immense entre toutes les amantes et l'objet des adorations du cygne de Vaucluse. Pétrarque n'a pu échapper aux défauts de ses maîtres, il a comme eux, et plus encore, prodigué les subtilités métaphysiques, les recherches du bel-esprit; mais on n'a point assez senti ce qu'il y a de passion véritable, de voluptés du cœur dans ses canzones. On trouve chez lui ce caractère d'enthousiasme, ce beau idéal, cette pureté de sentiment, cette flamme d'honneur et

de vertu qui accompagnent l'amour, et environ-
nent d'un charme suprême la femme embellie par
la pudeur. Aussi quand Pétrarque n'altère pas
avec les vices de son école et de son siècle,
le langage de la nature, il est le plus touchant
des poëtes érotiques ; chacun de ses accens fait
couler des larmes ; alors aucun des élégiaques
romains ne peut soutenir la comparaison avec lui.
L'amant de Laure n'eût-il écrit que les deux fameuses canzones, dont l'une tant admirée de
Voltaire, commence par ces mots *Claires fon-
taines, ondes pures*, et l'autre par ceux-ci ; *de
pensées en pensées*, il mériterait encore de tenir
le premier rang parmi les poëtes érotiques. En
effet, que sont les adieux de Tibulle à la vie et à
son amante, auprès du tableau formé par le cœur
et l'imagination de Pétrarque dans la première de
ces deux pièces ? La seconde, chef-d'œuvre de
sentiment et de poésie, ne serait-elle pas le modèle de la perfection du genre, si Pétrarque l'eût
terminée à l'instant où, assis sur un rocher voisin
du ciel, et mesurant des yeux la vaste étendue

de l'horizon qui le sépare de son amante, il verse des larmes amères, et reste abîmé dans une mélancolie douloureuse? Pétrarque passe avec raison pour l'inventeur d'une poésie nouvelle, aussi est-ce une comparaison vraiment curieuse que de le mettre en présence du Dante et des anciens. Tous se ressemblent par le talent de la création, tous ont mis une empreinte particulière à leur style.

Le Tasse leur est bien inférieur à cet égard; mais que ne pardonne-t-on pas à celui qui a fait parler souvent l'amour avec tant de grâce et de naïveté dans l'Aminte, qui a peint tour à tour la chaste ardeur de Sophronie, les enchantemens du palais d'Armide, subjuguée par la passion qu'elle a fait naître avec tant d'artifice dans le cœur de Renaud, et enfin l'apparition de Clorinde, nouvelle Béatrix descendue du ciel pour ranimer la vie, ressusciter la vertu de Tancrède en lui révélant un amour qu'elle n'eût jamais osé lui avouer sur la terre, et qui fera leur bonheur dans la divine patrie? Le *Pastor fido*, l'*A-*

donc, la *Secchia Rapita* offrent avec de grands défauts des scènes charmantes, où la poésie érotique brille des plus heureux ornemens.

Avant Pétrarque, Arioste était poëte érotique à la manière d'Ovide dans ses Métamorphoses ; il en a l'abandon, la facilité, la richesse d'imagination ; mais on trouve plus d'âme et plus d'intérêt peut-être dans les situations qu'il invente. Le protée Ovide nous offre-t-il une scène plus magique et plus vraie que les amours d'Angélique et de Médor, et que le bonheur furtif et délicieux de leur hymen improvisé sous les regards du ciel, et sous les auspices de deux bergers dans une cabane où le jeune et nouvel Euryale, qui voulut affronter tous les périls pour sauver et ensevelir la dépouille de son maître immolé dans les combats, passe du sommeil de la mort à la suprême félicité? Mais dans quels poëtes de Rome ou d'Athènes trouve-t-on cette délicatesse en amour, cette tendre sollicitude pour la faiblesse, ce respect, ces égards pour les femmes qui respirent dans les chants et surtout dans les prologues du chef-d'œuvre d'Arioste?

Héloïse avait précédé de deux siècles les plus anciens de ces modernes, et quoiqu'elle n'ait écrit qu'en prose, on doit la regarder comme une autre Sapho, puisque Pope lui-même n'a pu la surpasser quelquefois ni en amour ni en poésie. La composition de Pope fait la censure la plus sévère des héroïdes d'Ovide; dans cet ouvrage nous voyons toujours le poëte, tandis que Pope a su s'oublier lui-même pour devenir l'interprète le plus fidèle d'une passion ardente comme la flamme, et combattue par une religion à la fois tendre et sévère. Les chants de Thompson sur l'amour sont des hymnes à la Vénus pudique. L'Angleterre compte plus d'un imitateur de Tibulle. Entre leurs ouvrages il faut distinguer les naïves inspirations de Robert Burns, telles que la Petite Marguerite des Champs et les Gerbes d'Orge, pièce qui ressemble à une chanson de Théocrite. Fanny de Timour et Julie, par Moore, l'Anacréon vivant de l'Angleterre, retra-

cent l'aimable badinage de Chaulieu, de Voltaire,
et surtout de l'Épître à Claudine de Gentil Bernard, avec un mélange piquant de réserve et
même de candeur. Les Amours des Anges du
même écrivain ont un caractère tendre, suave et
religieux, idéal et empreint cependant d'une cer-
taine vraisemblance qui leur donne une physio-
nomie toute anglaise. On connaît aussi les admi-
rables scènes d'amour que lord Byron a semées
dans ses ouvrages. Les séductions innocentes, les
ravissemens, le délire, les tempêtes, les fureurs
et quelquefois les plus simples jouissances de
cette passion orageuse et susceptible de toutes les
impressions que peuvent recevoir les sens, l'esprit, l'imagination et le cœur, ont inspiré une
poésie nouvelle à la noble et récente victime de la
cause des Grecs. Malheureusement il règne au
fond de ses tableaux je ne sais quelle satiété du
bonheur, quel dégoût de la vie qui désenchan-
tent le lecteur et le ramènent tristement sur la
terre qu'il croyait avoir quittée sur les aïles de
la Muse britannique.

Mais ces deux derniers écrivains sont encore
lus poëtes qu'amans; ils ont trop pensé peut-être
leur renommée, en célébrant leurs propres pas-
ions embellies par les couleurs d'une riche pa-
ette ; ils ne nous font pas assez d'illusion, et les
emmés, juges suprêmes dans cette matière, di-
ent, en les lisant : « Ce n'est pas ainsi qu'on ai-
e; l'amour est là dans une trop brillante com-
agnie ; il va chercher dans un monde idéal un
onheur fantastique, au lieu de savoir trouver et
sentir celui qui est tout fait sur la terre et à la
portée des cœurs tendres et simples. Entendez
notre La Fontaine s'écrier, à la fin de cette fable
des Deux Digeons, où l'amitié se montre avec la
tendresse, les reproches délicats, les alarmes,
les conseils et les pardons de l'amour qui essuie
ses pleurs en souriant :

Amans, heureux amans, voulez-vous voyager ?

Voilà le modèle de la poésie érotique, voilà
comment s'exprime la passion. » Dans les fables

de Pyrame et de Thisbé, de Procris et de Céphale,
dans le poëme d'Adonis, l'hôte de madame de la
Sablière ajoute à l'esprit d'Ovide des traits touchans qui vont au cœur, et ses plus riches tableaux ne font pas oublier le sentiment qui doit
en être l'âme. Chez lui, l'amour anime, colore et
embellit toute la nature aux yeux des heureux
mortels qu'il nourrit d'enchantemens. Si les femmes connaissaient les contes du bon homme,
elles citeraient la Courtisane amoureuse comme
un exemple de la mesure et du goût exquis avec
lesquels la poésie doit orner le langage du cœur
en lui conservant la grâce et la vérité de son accent; elles loueraient encore dans cette élégie,
où la pudeur n'est point blessée, un air de négligence et d'abandon dont l'école romaine n'a
guère connu le secret, et que Montaigne, Ré-
gnier, Marot et La Fontaine ont vainement révélé aux grands écrivains du siècle de Louis XIV.
L'auteur de Werther, qui cultive encore les Muses malgré les glaces de l'âge, a traité le même
sujet dans une fable indienne intitulée la Baya-

dère et le Dieu. On y trouve réunis avec beaucoup d'art les mœurs de la prêtresse du plaisir,
des traits de Magdelaine aux pieds du Christ, la
renaissance de l'amour dans un cœur étonné de le
sentir, des voluptés ardentes, les angoisses de la
douleur, les cris du désespoir ; puis l'insensibilité
des prêtres qui repoussent la bayadère du bûcher
où elle veut s'immoler pour le Dieu qu'elle a cru
mort, et enfin le dernier sacrifice de la victime
montant avec lui dans le ciel dont elle est
devenue digne.

Chaulieu, qui fleurit après Racine et Boileau,
avait retenu quelque chose de l'abandon et de
la naïveté de notre ancienne langue. Disciple d'É-
picure, ami de Chapelle et des deux princes de
Vendôme, l'Anacréon du Temple laissait échapper, comme son maître, en sortant de table, des
hymnes pleins de verve et de grâce sur la volupté.
Son imagination est tour à tour simple, naïve,
enjouée, originale. Il chante au milieu des douleurs de la goutte, et fait illusion à lui-même et
aux autres. L'air de vérité est le charme de ses

poésies. Si trop indulgent pour ses faiblesses il se livrait sans scrupule à des caprices de plaisir, une passion ardente et tendre l'a souvent inspiré; Chaulieu aimait encore à quatre-vingts ans mademoiselle Delaunay. Ce poëte eut dans Lafare son Quintilius; lorsqu'il en parle, on sent qu'il répétait sans cesse au fond de son cœur ce cri de La Fontaine :

Qu'un ami véritable est une douce chose!

C'est à Chaulieu que commence en poésie l'école philosophique; on doit le regarder comme le précurseur du patriarche de Ferney.

Brillant d'élégance et de facilité, voluptueux et délicat, tendre et passionné quelquefois, mêlant à toutes ces qualités une vivacité d'esprit qui prévient la langueur et ne nuit pas au sentiment, témoin le poëme charmant des Trois manières, Voltaire improvisait quelques pièces anacréontiques entre deux tragédies, comme pour nous délasser de l'éclat de sa gloire. Il a rempli un poëme trop célèbre de peintures de l'amour, qui sont des types de la perfection, quand les caprices d'une licence aussi contraire au goût qu'à la pudeur, ne viennent pas en ternir la fraîcheur et la grâce.

Parce que le grand poëte qui fut bercé sur les genoux de Ninon, parce que le familier des amis du régent, avait chanté, d'un ton libre et léger comme elles, des mœurs faciles et relâchées, Dorat voulut donner ses Fantaisies au public. Mais au lieu de cette fleur de politesse et d'urbanité qui voilaient parfois chez Voltaire la nudité des peintures, on ne trouva dans l'imprudent imitateur que le ton leste et cavalier d'un jeune officier de garnison, et les airs d'un petit maître qui se vante de ce qu'il n'a pas fait. Moins prodigue d'épîtres, plus avare du récit de ses bonnes fortunes, n'ayant qu'une maîtresse véritable au lieu de cinq Iris en l'air, Dorat aurait pu prendre place parmi les disciples avoués d'Anacréon et d'Ovide; un choix judicieux de ses poésies légères serait agréable aux lecteurs. Les critiques acharnés de l'auteur de Mahomet élevaient Dorat aux nues, mais Voltaire lui-même avait eu beaucoup d'indulgence

pour Gentil Bernard, poëte au musc et à l'ambre
dans son Art d'Aimer ; moins fardé, plus vif dans
le poëme de Phrosine et Mélidore, et auteur de
quelques épîtres dont le naturel, la vivacité, le
charme même semblent avoir été d'heureuses
distractions d'un écrivain qui revenait à la vérité par une espèce de bonne fortune.

Malgré les vices de sa manière, ou plutôt à
cause d'eux, Dorat fit école ; on vit s'élever sous
ses ailes une race de poëtes petits-maîtres, aussi
vains, aussi frivoles et moins brillans que lui. Ils
eurent un moment de vogue : la foule courut
après eux comme des enfans poursuivent en
été ces papillons que la chaleur du jour a fait
éclore.

Parny vint, et mit en fuite le maître, l'école
et les disciples. Les femmes le reconnurent d'a-
bord pour un peintre éloquent du véritable
amour ; Voltaire l'honora du nom de Tibulle, et
le plus brillant succès fut la récompense du jeune
poëte. Satisfait de sa gloire, il obtint un autre
prix ; elle lui donna un élève dans un ami qui

avait d'abord adopté la manière , le coloris faux
et brillanté de Dorat. Parny dessilla les yeux de
Bertin , mais en le ramenant à la nature il ne
put lui donner son génie.

Le surnom de Tibulle semble autoriser l'opinion
assez commune que Parny doit beaucoup à l'a-
mant de Délie ; cette opinion est une erreur.
Parny ressemble à Tibulle comme on ressemble
à son frère sans le savoir. Toujours original, il ne
cherche presque jamais à copier les autres ; aussi son
expression est-elle vraiment la fille et l'image de sa
pensée. Bertin, au contraire, demandant son goût
et ses peintures de la campagne à Tibulle , son
esprit à Ovide, son enthousiasme à Properce, sa
tendresse et ses larmes à l'amant d'Éléonore ,
manque d'unité dans la composition et de couleur
propre dans le style. Il reproduit quelquefois les
anciens avec un rare bonheur ; telles de ses imita-
tions de Tibulle sont peut-être supérieures à toutes
les traductions qu'on a faites de ce poëte ; mais la
fureur de copier entraîne le chantre d'Eucharis au
point de lui faire appliquer à une brillante hé-

roïne des cercles de Paris, des détails qui sembleraient annoncer une courtisane de Rome, gardée par une vieille esclave. Je ne serais pas étonné qu'Eucharis ou Catilie n'eussent dit quelquefois à leur favori, pour le punir avec grâce de ses anachronismes en amour et en poésie : « Mon ami, nous sommes de Paris, et non de Rome ; faites-nous l'amour en Français. »

Dans Parny, la passion est vraie, tendre, et devient chaque jour plus profonde, après avoir paru légère dans la peinture de ses premiers plaisirs ; elle remplit le cœur du poëte ; elle s'accroît en silence, et se répand sans peine au dehors, comme une eau vive que renouvelle une source abondante et pure. Dans Bertin, l'amour paraîtrait un sentiment factice et emprunté ; l'orgueil, la vanité, la fièvre des sens font fermenter son esprit, mais le cœur reste froid ; aussi dans le tête-à-tête, cette grande épreuve de l'amour, sa conversation est triste avec Eucharis ; et pour prévenir la froideur, il est obligé de faire intervenir un tiers entre sa maîtresse et lui. On a cité avec éloge, et les femmes ainsi que les jeunes gens, quelquefois également dupes de l'exaltation, ont retenu les premiers vers d'une pièce de Bertin :

Elle est à moi ! divinités du Pinde,
De vos lauriers ceignez mon front vainqueur.
Elle est à moi ! que les maîtres de l'Inde
Portent envie au maître de son cœur.

Ce début fait illusion au lecteur; mais, le croiroit-on ? un triomphe si magnifiquement célébré par un homme qui nous semble ivre d'orgueil et d'amour, avait laissé en lui une impression si faible, qu'impuissant à trouver des souvenirs et des images, il s'est vu obligé de mettre à contribution Ovide, Properce et Voltaire, pour les détails mêmes de sa victoire. Le cœur féconde tout dans Parny, l'esprit, l'imagination, les impressions des sens, et le talent de peindre et donner la vérité sans l'altérer. C'est encore dans un cœur tendre et sensible que Parny a puisé ce sentiment délicat des convenances, que Bertin oublie ou blesse quelquefois d'une manière si étrange;

mais, pour le conserver toujours, il n'avait pas
le goût exquis de son maître. Si Bertin ne respire
pas la douceur et la mollesse de Parny, il le surpasse en éclat, en audace et en vigueur; peut-
être même la nature l'avait-elle appelé, comme
Properce, à la haute poésie. Mais il eût été tout-
à-fait incapable de produire le poëme d'Isnel et
d'Asléga, où les connaisseurs ont retrouvé la
pureté, la grâce et le charme des élégies amou-
reuses de Parny, avec un style plus choisi, plus
élégant et plus riche de couleurs. L'auteur a
jeté dans ses récits des romances de guerre et
d'amour, dont quelques-unes ont tant de mélodie, que l'on peut dire que la musique en a été
faite par le poëte. M. de Fontanes appelait cet
ouvrage un diamant; il mettait aussi à très-haut
prix une imitation du Paradis perdu, remarquable
par la précision et la vigueur du trait que Parny
avait acquises sans perdre ses grâces naturelles,
danger auquel il s'est exposé en des compositions
moins heureuses, comme les Rose-Croix et même

les Déguisemens de Vénus, malgré la suavité de quelques tableaux.

Le chantre d'Éléonore a créé deux élèves dignes de lui, Bertin et madame Dufrenoy. Le génie poétique de cette femme célébre fut éveillé par l'amour, échauffé par la lecture de notre Tibulle et des anciens, entretenu par l'enthousiasme de la gloire qu'elle croyait voir rayonner sur la tête d'un autre poëte, objet de sa passion exaltée. Elle avouait des obligations immenses au goût sévère de ce censeur difficile qui s'emportait contre lui-même, comme s'il eût désespéré de cueillir les palmes du talent, placées de nos jours à une si grande hauteur. Mais, dans un commerce assidu avec l'émule de Corinne, j'ai reconnu qu'elle devait plus aux présens de la nature qu'aux exemples ou aux leçons d'un maître. On trouvait même en elle des qualités qui manquaient à l'homme distingué, aux yeux duquel sa modestie osait à peine hasarder les plus heureuses inspirations. A la fois antique et moderne, madame Dufrenoy est vraie, naturelle et riche de couleurs. Parny eût avoué plusieurs élégies de cette nouvelle Sapho que les chagrins de l'amour ont rendue si éloquente; Bertin n'aurait jamais pu égaler la pureté sans tache, et l'élégance soutenue qui la recommandent à l'estime des connaisseurs. L'enthousiasme était son élément : il prenait sa source dans la noblesse de l'âme, dans la pureté des sentimens, dans les illusions de l'esprit; il est le caractère particulier de ses chants d'amour. Madame Dufrenoy invente avec bonheur, compose avec art et imite sans être servile. Tous les poëtes érotiques, et particulièrement Tibulle, ont invité leur maîtresse à se réfugier dans quelque asile ignoré pour goûter avec eux les deux biens dont l'éloquent Ducis parle avec tant de charme, *la solitude et l'amour;* mais ni Tibulle, ni Properce, ni Horace, ni La Fontaine, ni le chantre d'Éléonore n'ont mis, dans l'expression de leurs vœux, la flamme qui anime ces vers de la sensible Dufrenoy, enivrée d'orgueil et d'amour, et pleine des jalouses alar-

mes d'une femme qui craint un peuple de rivales.

Ah ! qu'on m'exile au loin dans les antres profonds
Au pied des rocs glacés, sur la cime des monts;
Mais que là , de ton cœur souveraine maîtresse,
    Libre d'écouter ma tendresse,
Et le jour et la nuit je vive auprès de toi;
    Mais que ta lyre enchanteresse
Redise jour et nuit mon amour et ta foi :
Et ces antres obscurs , ces affreux précipices,
Que l'œil le plus hardi mesure avec effroi,
    Je les verrais avec délices.

Si le chantre de Délie ou de Némésis nous arrache des larmes dans la peinture de ses adieux à la
vie et à sa maîtresse, notre Sapho n'est-elle pas
plus touchante dans la même scène où son imagination devance aussi l'instant fatal ?

J'attacherais sur toi ma paupière mourante ,
Et , près de ce départ qui n'a point de retour,
J'emporterais encore un doux regard d'amour.
    Loin de regretter la lumière ,

Bénissant mon destin de mourir la première,
Jusqu'au dernier soupir prolongeant nos adieux,
J'irais, heureuse encor, t'attendre dans les cieux.

Ce n'est point ici une vaine fiction de poëte : quiconque a connu madame Dufrenoy, son caractère au-dessus de la vile crainte de la mort et capable de tous les sacrifices, son cœur tendre et religieux, sait qu'elle eût été heureuse de mourir jeune encore, mais avec la certitude d'un amour qui lui aurait paru être le prélude et le présage du bonheur suprême que Clorinde promet dans le ciel à Tancrède.

La patrie, la gloire et le malheur ont fourni tour à tour des accords heureux à la lyre de madame Dufrenoy ; elle fut aussi la muse de l'amitié; elle-même disait que ce sentiment avait été l'âme de sa vie ; j'éprouvais un plaisir mêlé d'admiration à lui entendre rappeler les divers traits de son dévouement pour ses amis : on ne parla jamais de choses quelquefois sublimes avec un ton si simple.

Les deux noms que je viens de citer me rappellent deux grandes pertes ajoutées à tant d'autres qui m'ont été douloureuses. Parny et madame Dufrenoy m'aimaient avec tendresse ; l'un et l'autre sont morts avant l'âge, lorsque j'espérais les posséder encore long-temps ; je dirai ailleurs la sûreté, la douceur, les agrémens de leur commerce, le charme de nos entretiens sur la poésie. Ils avaient quelquefois tant d'intérêt avec Parny, qu'un jour la spirituelle et brillante mademoiselle Contat, enlevée trop tôt à la scène française, nous écouta pendant plus de deux heures sans vouloir nous interrompre. Parny, qui avait quelque lenteur à s'exprimer, était devenu de feu dans l'entraînement de la conversation. Comme la fidèle compagne de l'auteur du livre des *Maximes*, madame Dufrenoy savait le latin, et ne révélait ce mystère qu'avec discrétion ; libre dans le tête-à-tête, elle parlait de la littérature ancienne et moderne avec chaleur et goût. Combien de longues soirées nous avons passées ensemble à discourir sur ce sujet et sans nous apercevoir de la rapidité du cours des heures !

Après la publication de ma traduction de *Jean Second*, et chaque fois que je lui communiquais quelque nouvelle pièce de vers sur des sujets d'amour, Parny me disait : « Vous êtes né poëte » érotique ; il y a pour vous une place auprès de » moi, prenez-la. » Il s'impatienta souvent de ce qu'il appelait ma négligence à produire mes titres. Malgré ces reproches flatteurs, malgré le suffrage de Chénier qui, dans le tableau de la littérature française, parle avec éloge de mon *Jean Second*, j'ai toujours différé de reimprimer cet ouvrage qui manque depuis long-temps, et de publier les autres poésies ajoutées à mon premier recueil. Des pensées plus sérieuses, des devoirs qui m'étaient chers et qui réclamaient l'emploi de toutes mes forces, la douleur profonde des revers de la France et de son abaissement après tant de gloire, la défense publique d'intérêts sacrés à mes yeux, ne me permettaient pas de mettre la dernière main à des inspirations de quelques mo-

mens de calme ou de repos. Dans ma jeunesse,
Tibulle ne me quittait pas ; il était mon compagnon de plaisir et mon maître de goût et de poésie. Plus tard je redevins son disciple ; le genre
aimable auquel il doit sa gloire m'a distrait et
consolé par d'heureuses illusions, ou en écartant
de ma pensée les sombres inquiétudes de la poli-
tique. Plus d'une fois, à l'instant où des passions
ardentes et ombrageuses espéraient me surprendre dans quelque grave conspiration qui devait
tout au moins renverser l'état, on aurait pu me
trouver seul avec la plus riante des Muses ; plein
de reconnaissance pour les innocentes délices
de notre commerce, je lui offrais un grain d'encens, comme Anacréon offrit jadis une chanson
à Vénus pour le prix d'une colombe. Ici je déclare
une vérité qu'on ne saurait contester ; mais loin
de moi l'ombre du plus léger désaveu de mon zèle
et de ma constance à défendre la cause de la
liberté ; j'ai vieilli à son service, je lui serai toujours fidèle. Que si l'on s'étonnait de me voir
publier des poésies légères dans un temps si sé-

rieux, je répondrais que les plus grands person-
nages n'ont pas dédaigné cette espèce de délasse-
ment. Lælius et Scipion l'Africain se plaisaient à
entendre, à composer peut-être les scènes d'amour
qui ont tant de vivacité dans les comédies de
Térence ; Cicéron et César déposaient un moment
le gouvernail de l'état pour écouter les badinages
de l'ardent Catulle ; Mécènes, le premier homme
de l'empire après Auguste, prêtait une oreille
complaisante aux ardeurs de Properce ou aux
fantaisies d'Ovide, et lui-même il chantait l'Amour;
le brillant François Ier. a fait ses délices des
naïves et libres peintures de Marot ; le triste et
sévère Charles-Quint se déridait avec *Jean Second*
au milieu des travaux de l'expédition de Tunis;
l'archevêque de Tolède avait pris ce jeune poëte
pour secrétaire ; Montaigne et Grotius le lisaient;
l'illustre défenseur de Leyde contre les Espagnols,
le premier orateur de son université naissante, le
Varron de la Hollande, Douza, suivait les traces
de Tibulle et d'Anacréon ; enfin des ministres, des
rois, des prélats, des pontifes même ont aimé

ou cultivé la poésie élégiaque sans compromettre leur dignité ou trahir leurs devoirs de princes. N'ayant pas d'empire à gouverner, j'ai pu suivre de tels exemples sans faire un larcin à l'état, et les plus graves politiques du temps peuvent sourire un moment avec moi sans inconvénient pour la chose publique. Peut-être quelque malin censeur me dira-t-il : avez-vous, pour obtenir notre attention ou notre indulgence, la brillante excuse des poëtes qui charmèrent jadis les loisirs des grands hommes de leur siècle? La question me paraît pressante, et, n'y trouvant pas de réponse, je me borne à souhaiter que le juge, plein de candeur, qui m'a souvent excité à mettre au jour ces poésies, n'ait pas été abusé par un excès d'indulgence, défaut trop commun même dans les amis sincères.

A M. TISSOT,

SUR SA TRADUCTION

Des Baisers de Jean Second.

———◆———

D'AUTRES tentèrent sans succès
De donner au Pinde français
Ces chants brillantés, mais aimables,
Que trois siècles ont applaudis,
Ces baisers brûlans et coupables
Par Dorat si bien refroidis.
Les Dorats sont communs en France,
Et Jean Second traduit par eux
Ferait de ses péchés heureux
Une trop longue pénitence.

A M. TISSOT.

Elle cesse enfin, grâce à vous.

Après cette œuvre méritoire,

Qui pour nous rajeunit sa gloire,

Vous péchez aussi : vif et doux,

Orné sans fard, de la nature

Vous empruntez votre parure.

Le bon goût ainsi vous apprit

Qu'au Parnasse, comme à Cythère,

Une amante ne répond guère

Aux baisers que donne l'esprit.

PARNY.

AU MÊME.

C'EN est fait, vous voilà lancé
Dans ce vallon où la jeunesse
M'avait imprudemment poussé,
Dans cette arène où le Permesse
Roule son limon courroucé.
Des conscrits ainsi le courage
Va remplacer les vieux soldats,
Qui dans la paix de leur village
Rêvent encore les combats.
Pour vous commence la mêlée ;
Déjà les pandours, en passant,
De votre Muse harcelée
Insultent le laurier naissant.
Un petit pédant ridicule,

A M. TISSOT.

Qui veut régenter l'Hélicon,

Sur vos vers a levé, dit-on,

Le poids de sa docte férule.

Bien! De la médiocrité

J'aime la plaisante colère;

J'aime ce poëte avorté

Dont la sournoise vanité

Aux talens heureux fait la guerre,

Qui du nom de moralité

Colore sa triste impuissance,

Et de sa propre main encense

Son envieuse nullité.

PARNY.

Poésies Érotiques.

PREMIÈRE PARTIE.

Le premier Baiser
De l'Amour.

On sentait du zéphyr les premières caresses;
L'imprudent amandier, si fertile en promesses,
Élevait dans les airs son front blanchi de fleurs;
La robe de Cybèle et ses tendres couleurs,
D'un fleuve de cristal les humides rivages,
Le soleil eune encor, le soleil du printemps,

Tout enivrait mon cœur dans le tableau des champs :

Je lisais dans le ciel de fortunés présages,

Son éclat m'annonçait le plus beau de mes jours :

Léger comme l'oiseau, je vole à mes amours.

Tu connais mes transports quand mon âme s'élance

Sur l'aile du désir aux champs de l'espérance.

Mes sens étaient remplis des rêves du bonheur ;

J'y touchais, il échappe à ma brûlante ardeur :

Eucharis est absente !... O douleur ! ô faiblesse !

Surpris, désenchanté, je tombais de langueur,

Le plaisir en poison se tourna sur mon cœur ;

Tu reviens, ma surprise égale mon ivresse :

Ta bouche et tes regards souriaient à la fois.

O ma chère Eucharis, enfin je vous revois ;

Non, vous ne savez pas combien, en votre absence,

Ce cœur tumultueux a souffert dans ce jour.

Avez-vous de lenteur accusé mon retour?

Hélas! répondis-tu, je perdais l'espérance.

   A ce mot échappé de ton cœur innocent,

Où l'amour le plus tendre avait mis son accent,

Plus près encor de toi, je respirais à peine ;

Un frisson dans mon sein courait de veine en veine ;

Enfin, d'un bras timide enlaçant ton beau corps,

Par un baiser ma bouche expliqua mes transports :

La tienne s'entr'ouvrit sous mes lèvres ardentes,

Et je sentis frémir tes lèvres caressantes :

Je savourai long-temps leur divine fraîcheur,

Le nectar des baisers et leur suave odeur.

Dans tes sens étonnés il se fit un silence :

Tes beaux yeux se fermaient, se rouvraient tour à tour ;

Leur surprise disait avec tant d'éloquence :

Je les connais enfin ces baisers de l'amour,

Baisers délicieux dont j'ignorais les charmes !

Amour, dieu du bonheur, reçois ces tendres larmes.

Eucharis, Eucharis, quel heureux souvenir !

Dans ton sein quelquefois le sens-tu revenir ?

Le toucher délicat de ta bouche timide,

Mon cœur contre le tien palpitant de désir,

La fraîcheur, les parfums de ton haleine humide,

Recueillis par ma bouche au milieu d'un soupir,

Ce mélange inouï de peine et de plaisir,

Charme et tourment d'un cœur voluptueux, avide,

Gravés dans ma pensée, imprimés dans mes sens,

Comme au jour du bonheur me sont encor présens.

Le Triomphe.

Au demi-jour que sur les cieux
Répand la lune renaissante,
Je te guidais, pâle et tremblante,
Vers le bosquet mystérieux
Où, dans les bras de mon amante,
J'allais passer au rang des dieux.
Tu suivais, doucement rebelle,
En murmurant : « Je ne veux pas. »
Témoin de ce tendre embarras,
Un dieu dont la voix nous appelle,

L'Amour t'entraîne sur mes pas.

Il souriait à tes alarmes,

Et, les calmant par un désir

Mêlé de surprise et de charmes,

Lui-même il effaça tes larmes

Dans les délices du plaisir.

Pour nous ce bosquet fut un temple :

En le quittant je le contemple.

Soudain de ce cœur inspiré

La tendre et naïve éloquence

Rend grâce à l'enfant adoré

Dont il a senti la présence,

Dans ce lieu désormais sacré.

Ton ivresse était plus timide ;

Mais tu priais au fond du cœur,

En observant, d'un œil humide,

Tous les transports de ton vainqueur.

Que son bonheur te rendait belle !

De joie et d'orgueil transporté,

Je montrai la Psyché nouvelle

A la nuit, à l'astre argenté
Dont la molle et tendre clarté,
En se jouant dans le feuillage,
Faisait pâlir sur ton visage
Les roses de la volupté.

O nuit d'amour! ô nuit heureuse!
Du sein de la terre amoureuse,
Et du lit virginal des fleurs
S'exhalent de douces odeurs;
Le zéphyre qui nous caresse
Vient doucement les déposer
Sur les lèvres de ma maîtresse,
Entr'ouvertes par un baiser;
Et cependant de Philomèle
La voix brillante et les soupirs,
De nos deux cœurs écho fidèle,
Semblaient célébrer nos plaisirs.

Le Songe.

Pareille à la brillante nue
Qui du téméraire Ixion
Trompait la folle passion,
Jeune, voluptueuse et nue,
La nuit tu parais à ma vue.
Plus belle que Junon par ta seule pudeur,
Pour t'enlacer mes bras s'ouvrent avec ardeur;
Mais tout à coup je t'ai perdue,
Et ton ombre, fuyant le toucher du plaisir,
Me livre triste et seul aux tourmens du désir.

Les Tuileries.

Que j'aime ce jardin des belles et des rois,

Ce théâtre pompeux des fêtes de la France,

Où de mon cœur ému la timide éloquence

Te peignit ses transports pour la première fois !

Quel aspect imposant ! quel luxe de verdure !

Créé par le génie, orné par la nature,

Plein de grands souvenirs, ce magique séjour

Étale à nos regards ses vertes pyramides,

Des marbres demi-dieux et des nymphes timides ;

Ici, majestueux comme un roi dans sa cour,

Le cygne vogue en paix sur des ondes limpides ;

Dans l'air sont des oiseaux qui chantent nuit et jour,

Tandis qu'un jeune essaim de beautés sous les armes,

Pour les yeux, pour les cœurs rebelles à leurs charmes,

Prépare innocemment des surprises d'amour.

Visitons ces bosquets au matin de l'année ;

Tous ces arbres pompeux, noircis par cent hivers,

D'un panache nouveau la tête couronnée,

Au retour du printemps ont repris dans les airs

Leur robe de verdure, et la tendre jeunesse

Qui revient tous les ans pour cacher leur vieillesse.

A leurs pieds, dans l'éclat des plus vives couleurs,

S'élève et se balance un peuple entier de fleurs ;

Là brillent à mes yeux des familles de roses :

Aux rayons du couchant les unes sont écloses,

Un zéphyr du matin a fait naître leurs sœurs ;

Mais il en est déjà dont la beauté s'efface :

Ainsi l'enfant d'un jour, plein de charme et de grâce,

Sourit, penche la tête, et meurt à son berceau.

Nous avons vu grandir tout ce peuple nouveau ;

De la fleur à l'arbuste, et de l'arbuste au chêne,

Du monde végétal nous remontons la chaîne.

Dans sa course déjà le père des saisons

A ramené les feux qui dorent les moissons;

Superbe, étincelant au bout de la carrière,

Il se couche au milieu d'un torrent de lumière.

C'est alors qu'embrasé par l'horizon vermeil,

Dont ses vitraux brûlans réfléchissent l'image,

Ce palais, que le dieu couronne d'un nuage,

Semble aux yeux éblouis le palais du soleil.

Laissons le roi du jour s'éclipser en silence :

La nuit avec nos cœurs est plus d'intelligence;

Eucharis, invoquons les astres de la nuit;

Déjà Vénus se lève, et Diane la suit;

Eucharis, à l'Amour viens offrir sa prière.

A travers les rameaux et l'ombre hospitalière

De l'asile discret par ton choix adopté,

Auprès de ce rempart, tapissé de verdure,

Qui défend nos plaisirs de surprise ou d'injure,

Quelques rayons furtifs éclairent ta beauté,

Sous les regards jaloux de la déesse amante

Il est doux d'effleurer ta bouche caressante

Et de sentir ton cœur frémir de volupté.

Ah! restons bien cachés dans ces lieux solitaires :

Tous les plaisirs d'amour sont des plaisirs secrets ;

Les discours importuns, les regards indiscrets,

Troublent ses doux aveux, surprennent ses mystères;

Mais la nuit tout à coup augmente de splendeur :

O cher et tendre objet d'une éternelle ardeur,

Sur le front du bosquet qui nous prête ses voiles

Élevons nos regards vers ce monde d'étoiles !

Que la nature est grande et que le ciel est pur !

Que j'aime à respirer cette fraîche rosée !

Ah! voilà l'horizon de l'antique Élysée;

Voilà donc cette nuit de lumière et d'azur,

Plus belle que l'éclat du soleil de la terre,

Cet air voluptueux qui pénètre les sens,

Plus doux que le nectar, plus léger que l'encens !

Dans un calme imposant qu'aucun trouble n'altère,

Près de nous j'aperçois de sublimes mortels,

Semblables à des dieux debout sur leurs autels :

Tout le peuple léger respecte leur silence.

Mais plus loin quel murmure et quel concours immense !

Près de ces orangers, de ces myrtes en fleurs

Qui mêlent dans les airs leurs suaves odeurs,

Éclatantes d'attraits, de roses couronnées,

Où vont, chère Eucharis, ces ombres fortunées ?

Caressés par Diane et ses molles clartés,

Ces corps aériens sont vêtus de lumière ;

Sur leurs pas, des Amours la troupe familière

Excite leur sourire en vantant leurs beautés.

Comme les flots légers de la moisson mobile

Qu'agite en se jouant l'haleine du zéphyr,

Cette troupe folâtre, à ses penchans docile,

Poursuit incessamment l'image du plaisir.

Les caprices, les jeux de leur brillante ivresse

Comme un tableau mouvant passent devant nos yeux ;

Mais l'ombre, nous couvrant d'un rets mystérieux,

Nous dérobe aux regards d'une ardente jeunesse,

Et seuls nous habitons le bosquet de l'Amour.

Tout nous parle de lui dans cet heureux séjour :

Sa mère n'est pas loin ; j'entends des tourterelles

Qui n'ont de leurs plaisirs de témoins que les dieux ;

O ma chère Eucharis, aimons toujours comme elles !

Aimer avec un cœur tendre et religieux,

C'est habiter déjà l'Élysée ou les cieux.

Les Désirs.

Lorsque les champs, brûlés par les feux du soleil,
Regrettent les parfums de leur tapis vermeil,
Le voyageur, perdu dans un désert aride,
De quelques dieux amis implore le secours.
Une source paraît, vive, fraîche et limpide;
Il y vole, il s'incline, et de l'onde rapide
Ses yeux étincelans voudraient tarir le cours;
L'onde ne peut calmer l'ardeur qui le dévore;
Tantale satisfait, il a plus soif encore.
Mais cette fureur tombe; une molle langueur

A coulé dans ses sens, a passé dans son cœur ;

La rive lui sourit, la fraîcheur le délasse.

Alors le bruit des flots, leur éclat argenté,

Le mouvement des fleurs, dont le front agité,

Sur les bords maternels se courbant avec grâce,

Confie aux papillons, aux zéphyrs caressans

Des messages d'amour et le plus doux encens,

Tout le rappelle encor vers ces ondes si pures,

Et riches de parfums, de grâce et de murmures.

Avec moins de fureur et plus de volupté

Il savoure à longs traits ce breuvage enchanté ;

Le nectar de Bacchus aurait moins de délices.

Ainsi, mon Eucharis, dans nos doux sacrifices,

Enfant de ta beauté, quelque nouveau désir

Redemande toujours la coupe du plaisir.

Maîtresse de mes sens, maîtresse de mon âme,

Ton corps voluptueux effleuré par hasard,

Un accent de ta voix, un sourire, un regard,

De l'amour endormi ressuscitent la flamme :

Tes attraits sont pour moi les philtres de Vénus.

Tel sur un mont désert, quand la sœur de Phébus,

La courrière des nuits, la pudique Diane,

Éclairant son berger d'un rayon diaphane,

Descendait jusqu'à lui de la voûte des cieux,

Enlacé par les bras de la belle déesse,

L'heureux Endymion, dans sa prodigue ivresse,

Égalait en plaisirs le souverain des dieux.

L'Amant à l'étoile du soir

———◦⋈◦———

Astre du soir, astre de Cythérée,
De la nuit sombre aimable précurseur,
Lève ton front sur la voûte azurée :
J'attends de toi le signal du bonheur.

Le dieu du jour et l'éclat qu'il dispense
De Vénus même ont trahi les plaisirs;
Tes feux, amis de l'ombre et du silence,
Sont plus discrets, plus chers à mes désirs.

Astre d'amour, écoute ma prière....

Un point brillant rayonne dans les cieux :

C'est toi ; je pars, je marche à ta lumière :

Ah ! des Argus fais-moi tromper les yeux.

N'ai-je pas vu de champêtres demeures?

Oui, le voilà ce temple de l'amour.

O nuit céleste! hélas! dans quelques heures,

Comme un éclair, va revenir le jour.

Astre du soir, astre de Cythérée,

De la nuit sombre aimable précurseur,

Reste long-temps sur la voûte azurée,

Et fais durer les éclairs du bonheur.

Le Printemps de l'Amour.

Aucun printemps n'aura d'aussi beaux jours
Que le printemps où le cœur semble éclore
A la chaleur des premières amours,
Comme une rose aux caresses de Flore.

    Un voile épais nous dérobait les cieux,
Un dieu survient, touche notre paupière,
Le voile tombe ; et tout à coup nos yeux
Ont réfléchi l'éclat de la lumière.
Nous admirons, dans nos jeunes transports,
L'heureux mélange et les secrets accords

De ce vert tendre, habit de la jeunesse

Des prés, des bois dépouillés si long-temps,

Avec l'azur, la pourpre et la richesse

De mille fleurs, couronne du printemps.

Notre œil poursuit, au séjour des orages,

Ces légions, ces groupes de nuages,

Enfans des airs, rapides voyageurs,

Dont le soleil enrichit les couleurs;

Ils ont passé : le dieu qui nous éclaire

Montre son disque et sourit à la terre :

Les cieux plus doux reprennent leur azur;

Un air plus frais, plus subtil et plus pur

Charme nos sens, nous flatte, nous caresse;

Il nous anime; et, pénétrant nos corps,

Y fait couler la force et l'allégresse;

Tous les bienfaits, enfin tous les trésors,

Autour de nous répandus sans mesure

Par l'éternelle et prodigue nature,

Frappent l'esprit, attendrissent le cœur.

Tout brille alors de grâce et de bonheur;

Et par l'amour notre ivresse abusée

Croit sur la terre habiter l'Élysée.

Saison d'amour, saison que je chéris,

Tes doux soleils ont vu naître ma flamme;

Il t'en souvient, ma naïve Eucharis,

C'est au printemps que je touchai ton âme.

Le bois plus sombre invitait au plaisir

Le jeune oiseau qui cherchait son amante,

Quand ce baiser, d'immortel souvenir,

Accrut la flamme en mes veines errante.

Que ce printemps était riche de fleurs!

Comme nos yeux admiraient la verdure!

L'amour lui-même empruntait à nos cœurs

Mille beautés pour parer la nature.

Hélas! combien la saison, à son tour,

Prêtait de charme au charme de l'amour!

Rappelle-toi ces deux nuits fortunées,

Par les amours l'une à l'autre enchaînées,

Nuits si long-temps objets de mes désirs!

Ne rougis pas, je tairai nos plaisirs;

Mais laisse-moi te répéter encore

Notre surprise à la première aurore

Qui les suivit. Après un doux sommeil,

Nos sens à peine étaient à leur réveil;

Tes bras d'albâtre, ouverts par la tendresse,

Ont effleuré le cœur de ton amant;

Ta main le touche avec étonnement;

Mon œil s'entr'ouvre, et je vois ma maîtresse!

Nos vifs transports éclatent à la fois;

Un long baiser interrompit nos voix,

Et de l'amour la renaissante ivresse,

Dans ses adieux, eut encor la fraîcheur,

L'illusion, la grâce enchanteresse

Et tous les feux de son premier bonheur.

Rappelle-toi nos charmantes soirées

Dans ces forêts à l'amour consacrées,

Et ces larcins furtifs, délicieux,

Que protégeaient l'ombrage et le silence;

L'hymne d'amour et de reconnaissance

Que tu chantais à l'astre radieux

Dont il semblait que la douce présence

Sur nos plaisirs veillait du haut des cieux.

Non, quand j'aurais les pinceaux du génie,

Ses traits de feu, ses plus riches couleurs

Ne rendraient pas la secrète harmonie

Entre l'amour, la nature et nos cœurs.

Le Festin.

Oui, les voilà ces bosquets solitaires !
De nos plaisirs si brûlans et si doux
Je reconnais le simple rendez-vous.
Belle Vénus, ne crains pour tes mystères
Aucun regard indiscret ou jaloux :
Ton fils nous aime ; il veillera sur nous.
Hôte charmant, nous sentons sa présence :
Autour de nous il voltige en silence ;
De son haleine il caresse les fleurs
Dont il m'invite à tresser ta couronne,

Et ces beaux fruits, prémices de Pomone,
Où du matin brillent encor les pleurs.
Ah! qu'un banquet a de grâce et d'ivresse
Sous les regards de l'indulgent amour!
Qu'on est heureux d'entendre sa maîtresse
Parler du cœur, et chanter tour à tour
Avec Bacchus, l'ami de l'allégresse,
Ce tendre enfant, ce dieu de la jeunesse
Qui rend la nuit plus belle que le jour!
L'oiseau chéri, la blanche messagère,
Présent de Gnide au vieillard de Téos,
Venait goûter à son vin de Lesbos,
Et voltigeait plus vive et plus légère.
Sois ma colombe; effleure, ô ma bergère,
Ce nectar pur, transparent et vermeil,
Qui réfléchit un rayon du soleil;
Viens lui donner les parfums de ta bouche :
Je veux baiser la place qu'elle touche,
Et boire encor dans le vase enchanté
La douce ivresse avec la volupté.

Les Bois.

O BOIS inspirateurs! éloquente retraite!

A peine je m'égare en vos sombres détours,

Que j'éprouve déjà les transports du poëte,

Enivré de la gloire ou rêvant aux amours.

Des vers inattendus jaillissent de ma veine,

Comme les flots légers d'une claire fontaine

Qui murmure, en fuyant, des sons mélodieux.

O pouvoir de créer! noble présent des dieux!

Est-il donc un mortel celui dont les pensées,

D'un cœur impatient tout à coup élancées,

S'arrangent sans effort, dociles à la voix

D'un génie inconnu qui leur dicte des lois?

Mais quel retour cruel! ma veine s'est tarie,

Et j'interroge en vain la source des beaux vers;

Un doux ressouvenir et des regrets amers

M'arrachent par degrés à cette rêverie

Où le vol de ma muse embrassait l'univers.

Je ne sais plus chanter; mais, hélas! j'aime encore!

Loin de l'objet sacré que mon ivresse adore,

Ces bois silencieux et leur brillant séjour

Ne sont plus qu'un désert attristé par l'amour;

L'ennui d'un cœur malade, et plein d'inquiétude,

Désenchante à mes yeux la douce solitude.

O ma jeune Eucharis, viens me rendre à la fois

Et ma muse et ses chants, et ta douce présence!

Sans toi, sans ton amour, je n'ai point d'éloquence:

Viens colorer les cieux, viens embellir les bois,

Effleurer de tes pas ce vert amphithéâtre;

Semblable à quelque nymphe aux bras, aux pieds d'albâtre,

Qui parmi la rosée, et la mousse, et les fleurs,

Respire du matin les suaves odeurs,

Ne pose qu'un instant, d'un rien fait ses délices,

Et de l'amant de Flore imite les caprices.

Quel plaisir de te voir, au bord de ces ruisseaux,

De l'onde qui s'enfuit écouter le murmure,

Ou suivre, en folâtrant sur la molle verdure,

Ton image qui vole et tremble dans les eaux!

Quelque temps protégé de l'ombre et du silence,

Je souris aux plaisirs, aux jeux de l'innocence.

Un papillon survient, il s'enfuit devant toi,

Et d'erreurs en erreurs il te conduit vers moi.

Tu m'as vu, je m'élance, et nos voix se confondent;

Par un long cri d'amour les échos nous répondent;

Et, faible à supporter un excès de bonheur,

Long-temps contre ton sein je sens trembler mon cœur.

Le Bain.

———◁◦▷———

ILE riante , île féconde

Qui naguère flottais sur l'onde ,

Lorsque la reine de Paphos

Fixa ta course vagabonde ;

Nouvelle et magique Délos

Des plus tendres amours du monde ,

Que ton fleuve d'azur et ses flots caressans ,

Ce peuple entier d'oiseaux et leurs tendres accens ,

Ta forêt sombre et solitaire

Où l'amour est sûr du mystère,

Réveillent de plaisirs dans mon cœur et mes sens!

Sur le sable doré de ton rivage humide,

Ici, mon Eucharis, tremblante au moindre bruit,

Et par la main tenant son guide,

Vint effleurer l'onde limpide

Qui sous mes yeux murmure et fuit.

Ici, ma blanche Néréide

D'un mouvement facile et doux

Ouvrit cette plaine liquide,

Et moi, comme un Triton jaloux,

Je la suivais d'un œil avide,

De quelque dieu des eaux redoutant les transports.

Du fleuve quelquefois nous visitions les bords :

C'est là que sur mes mains renversant ce beau corps,

Mollement balancé par la vague mobile,

J'effleurais de ma bouche ou sa gorge indocile,

Ou ce front virginal d'un albâtre si pur,

Ou ces yeux qui du ciel réfléchissaient l'azur.

Parfois je me glissais entre l'onde et ma belle

Qui semblait voltiger comme le jeune oiseau,

Et, nouveau Jupiter d'une Europe nouvelle,

Je fuyais orgueilleux de mon léger fardeau,

Les yeux toujours fixés au bord d'une autre Crète,

Où le brûlant amour attendait sa conquête.

Un moment la folâtre échappe à ce transport;

Ses pieds sont des rames agiles;

Devant elle les flots dociles

Semblent ouvrir la route et céder sans effort :

Je l'atteins, je triomphe et la ramène au bord.

Sur le pâle horizon déjà brillait Diane,

Alors que de leur voile humide et diaphane

Eucharis, malgré la pudeur

Et ses renaissantes alarmes,

Permit à ma discrète ardeur

De dépouiller enfin ses charmes.

Mes mains s'empressent d'effacer

Les ondes et leur trace humide;

Quelle volupté de presser

Une nymphe amante et timide;

De sentir la moite fraîcheur,

La résistance et la rondeur

D'un sein qui s'élève et s'abaisse,

Qui vous effleure et vous caresse,

Dont vos yeux, vos mains tour à tour

Suivent les mouvemens d'amour!

Tous ses attraits ont fui sous leur voile modeste.

Alors, levant mon front vers la voûte céleste :

« Beauté toujours nouvelle à mon cœur, à mes yeux,

» Nous avons imité les soins religieux

» Du peuple qui descend dans les ondes du Gange

» Avant que d'adorer l'astre éclatant du jour :

» Tous deux nous sommes purs; viens adorer l'Amour.

Eucharis répondit par le souris d'un ange ;

Elle suivit ma voix. Aux chants de mille oiseaux,

Sur la mousse légère, et molle et parfumée,

Vénus fit doucement tomber la bien-aimée :

La lune et ses rayons, tremblans dans les rameaux,

De cet hymen d'amour furent les seuls flambeaux.

Conseils à Eucharis
Sur la Jalousie.

———

Vois-tu, mon Eucharis, ces familles de fleurs
Qui parent les saisons de leurs tendres couleurs ?
Un zèle ingénieux, rival de la nature,
Veille sur leurs trésors, les préserve d'injure ,
Leur ménage au matin les rayons du soleil.
Avec le même amour, avec un soin pareil,
Je défends ta candeur des piéges de l'envie.
Nos amours, tu le sais, sont les fleurs de ma vie ;
Je veux les conserver dans toute leur fraîcheur,
D'un souffle empoisonné je veux garder ton cœur.

Ce cœur est trop ouvert; on pourrait le surprendre:

Écoute les conseils de l'ami le plus tendre.

Un point sur l'horizon, un nuage léger

Au pilote attentif annonce le danger :

Il faut être en amour plus prévoyant encore.

   Sous les feux du soleil si Pomone colore,

Mûrit avec amour un fruit délicieux,

L'espérance du goût et le charme des yeux,

Un ennemi secret, qu'il nourrit et recèle,

Lui porte jusqu'au cœur une atteinte mortelle :

Le fruit, c'est le bonheur; le ver, c'est le méchant.

Il attaque surtout notre plus doux penchant ;

Sa bouche sait répandre un doute avec adresse,

Compatir aux tourmens d'une vive tendresse :

Reptile insidieux, flatteur et caressant,

Il joue autour du cœur et paraît innocent;

Son dard ne fait d'abord qu'une simple piqûre.

Mais chaque jour augmente et creuse la blessure:

Bientôt c'est une plaie où se glisse un poison.

En vain le tendre amour, aidé de la raison,

Voudrait du mal affreux calmer la violence;

Rebelle à tous les soins, il s'aigrit en silence,

Déchire, agite, brûle et glace enfin les cœurs.

Adieu l'illusion, l'amour et ses faveurs!

Encor s'ils ne laissaient nulle trace en leur fuite!

Le regret les fait vivre en notre âme séduite;

Elle nourrit long-temps un trop cher souvenir:

Dans une fausse ivresse on cherche le plaisir;

Et le plaisir lui-même a perdu tous ses charmes;

Et l'on s'écrie alors, les yeux baignés de larmes:

«Rends-nous, dieu du bonheur, ta grâce et tes bienfaits;»

Mais, dans l'ombre caché, le dieu répond: «Jamais.»

Nous préservent les cieux d'un chagrin si funeste!

Ton cœur me fut donné; que ce trésor me reste.

S'il n'était plus à moi, malheureux sans retour,

Ne pouvant déposer un long et tendre amour,

J'aurais tous ses tourmens sans goûter ses délices.

Espérons des destins plus doux et plus propices;

Mais souviens-toi toujours que des regards jaloux,

Blessés de mon bonheur, veillent autour de nous.

Le Raccommodement

Il est cruel d'exciter les alarmes
Du tendre objet qui nous donna son cœur;
Mais, par hasard si l'on eut ce malheur,
Un doux plaisir, un plaisir plein de charmes,
C'est d'essuyer sur des yeux tout en pleurs
Par un baiser la trace des douleurs.

Un envieux, qui jamais ne sommeille,
De bruits menteurs affligeait ton oreille;
Il te disait : Hélas! votre beauté,
Vos douces mœurs, cet heureux caractère

Que le volage a tant de fois chanté,
Sont méconnus, ils ont cessé de plaire.

J'étais absent, et ton crédule amour,
Dans ses chagrins, m'accusait nuit et jour.

J'arrive enfin, je vole à ma maîtresse :
Loin de courir au-devant du baiser,
Froide, muette, et pâle de tristesse,
A mes transports tu peux te refuser !
Dieux ! quel accueil ! il glace mon ivresse.
Mais ton amant cherchait à t'excuser :
De tes ennuis je demandai la cause,
Et cependant sur tes lèvres de rose
Je ravissais quelques faveurs d'amour.
O malheureux ! Eucharis offensée
A mes ardeurs n'accorde aucun retour !
Mes yeux enfin lisent dans ta pensée :
Oui, m'écriai-je, un odieux soupçon,
Un soin jaloux t'afflige et te dévore,
On nous trahit : des langues que j'abhorre
Dans ta jeune âme ont lancé leur poison.

Ah! je le crains, nous serons leurs victimes.

Au nom des dieux, apprends-moi tous mes crimes.

Tu répondis avec un long soupir :

Vous le savez, mon cœur était paisible,

Il ignorait l'amour et le plaisir ;

A vos sermens, à vos feux trop sensible,

Je vous aimai ; quelle était mon erreur !

Qu'avez-vous fait, hélas ! de mon bonheur,

De cette foi qui dut être éternelle ?

Vous trompez donc une amante nouvelle ?

Des pleurs amers coulèrent de tes yeux ;

Je recueillais leur brûlante rosée,

Mais sans pouvoir en arrêter le cours ;

Sous mes baisers elle coulait toujours.

Je consolais mon amante abusée,

En attestant l'Amour et tous les dieux,

Qu'elle régnait à jamais sur mon âme.

Mon désespoir, mille baisers de flamme,

Ont suspendu le cours de ta douleur :

La vérité pénètre dans ton cœur,

Il s'attendrit, il s'ouvre à l'espérance;

L'aimable paix, l'heureuse confiance

Sur ton front pur renaissent par degrés,

Comme le jour dans les champs azurés;

Ma bouche efface une dernière larme

Qui roule encor dans tes yeux adorés:

Leur vif éclat brille d'un nouveau charme.

Que de baisers tu me rendis alors!

Pardonne-moi, disait ta voix touchante,

On est craintive alors qu'on est amante;

Et ton ardeur reprenait ses transports;

Tu me pressais de tes mains caressantes;

Je sens, je vois le doux balancement

De tout ton corps, quand tes lèvres charmantes

Cherchaient, fuyaient, recherchaient ton amant,

Ou s'unissant à mes lèvres ardentes,

Sans les quitter, et sans se reposer,

Perpétuaient l'ivresse du baiser.

Dans leurs amours les colombes fidèles,

Dans leurs baisers les blanches tourterelles

4*

N'ont pas la grâce et la vivacité,

Cet abandon rempli de volupté

Que les regrets, la joie et ses tendresses

Donnaient ensemble à toutes tes caresses.

Amour, Amour, aucun de nos plaisirs

Ne m'a laissé de plus chers souvenirs.

Le jeune Homme

Entre la Gloire et l'Amour.

———◆———

Entraîné dès l'enfance à la cour d'Apollon,

Mais prêtre de Vénus, l'Athénien Damon

Disait à son amie : Hélyce, je t'adore,

Tes désirs sont mes lois ; plus que jamais épris,

De nos feux mutuels je rends grâce à Cypris.

Cependant, je l'avoue, un chagrin me dévore :

Déjà sont écoulés les plus beaux de mes jours,

Et caché tout entier sous l'aile des Amours,

Indolent, je renonce à mon art, à la gloire.

Je ne sais quelle voix rappelle à ma mémoire

Les sublimes écrits et les noms immortels

De tous ces demi-dieux adorés par la Grèce.

Dans Athènes, partout leurs marbres, leurs autels

Poursuivent mes regards, enflamment ma jeunesse.

Attendrai-je que l'âge ait glacé ces transports,

Et m'ait rangé vivant dans la foule des morts?

Hélyce, je le crois, c'est un dieu qui m'inspire.

La gloire en traits de feu se peint-elle à ton cœur?

L'amour, répond Hélyce, a fait notre bonheur :

Je suis toute à l'amour, imite mon délire.

　　Alors deux bras d'albâtre, autour de lui passés,

Retiennent le rebelle et l'amante enlacés ;

Le baiser le plus doux le caresse et l'entraîne.

A ce baiser soudain il sent de veine en veine

Courir jusqu'à son cœur la flamme du désir,

Pareille à cet éclair, précurseur des orages,

Qui brille en sillonnant les ténébreux nuages.

La gloire disparaît, Damon vole au plaisir.

Sûre de ses appas, la douce enchanteresse

Sentait tout son pouvoir, et, levant ses beaux yeux :

Objet de mon amour, connais-tu sous les cieux

Un plaisir, un bonheur égal à notre ivresse ?

Il cède : tout rempli de ses nouveaux transports,

Il oublie Apollon et ses divins accords.

Cependant quelquefois l'infortuné soupire

Et pleure en essayant les cordes de sa lyre.

Le Sommeil d'Eucharis.

Inspiré par un cœur qui n'a plus de repos,
Je cherchais Eucharis ; mais le dieu des pavots
Les avait redoublés sur les yeux d'une amante.
Sans bruit, à la clarté d'un faible demi-jour,
Pareil au crépuscule, à l'aurore naissante,
Je m'avance : un hasard favorable à l'amour
A trahi les attraits d'une beauté modeste ;
Eucharis est sans voile : ô spectacle céleste !
Dans ces globes rivaux quel mouvement léger !
Libres et séparés par un doux intervalle,

Leur rondeur est pareille et leur fraîcheur égale :

Que leur forme promet de plaisir au toucher !

De ce teint délicat les roses sont bien vives :

Que ce front a de calme et de grâces naïves !

Le marbre de Paros, celui qui fit des dieux,

Sous l'immortel ciseau des sculpteurs de la Grèce,

Offrait-il la blancheur, l'éclat et la mollesse

De ce corps arrondi, pur, souple et gracieux ?

Toi qui créas Psyché, toi qui nous rends l'Albane *,

Son talent toujours vrai, sa couleur diaphane,

Viens saisir la beauté dans les bras du sommeil,

Dans l'heureux abandon d'un enfant qui repose ;

Tu ne pourrais jamais retrouver cette pause :

Hâte-toi, n'attends pas Eucharis au réveil.

Hélas ! si tu voyais renaître son sourire,

Et dans ses yeux d'azur l'amour et la pudeur

Briller d'un feu céleste et pur comme son cœur,

---

* M. Gérard, auteur du Bélisaire, de la Bataille d'Austerlitz,
et de tant d'autres productions justement célèbres, où la grâce
est toujours compagne de la force.

Tu sentirais trembler ces mains que l'art inspire.

Immobile et brûlant, je m'enivre à longs traits
Du plaisir inconnu d'admirer tant d'attraits;
Je le goûte en amant, en jaloux, en avare :
Dans leurs transports mes sens brûlent de tout oser,
La volupté contient le désir qui m'égare.

Ma bouche, en ce moment, contente du baiser,
Sur le front d'Eucharis, sur ses yeux se repose :
J'effleure seulement ses deux lèvres de rose,
Craignant que du baiser l'imprudente chaleur
Ne réveille Eucharis, n'abrège mon bonheur.
D'un plaisir moins discret sa gorge est le théâtre;
Mais, bientôt descendus par un chemin d'albâtre,
Mes baisers plus hardis tracent sur un beau corps
En humides sillons leur empreinte amoureuse;
Ils remontent vers toi, gorge voluptueuse,
Et caressent long-temps tes précieux trésors.

D'un mouvement plus vif je la sens agitée;
Elle croît sous mes mains et décroît tour à tour :
J'ai fait passer la flamme au cœur de Galatée;

Il s'éveille, il palpite, il se gonfle d'amour :

Nouveau Pygmalion, j'adore mon ouvrage.

O surprise ! ô transports ! ô torrens de plaisirs !

Vénus en ce moment nous couvrit d'un nuage,

Et mon cœur trop jaloux garde ses souvenirs.

Le Réveil.

L'Amour est pour les siens prodigue de miracles ;

A travers les périls, les craintes, les obstacles,

Ce dieu m'avait conduit au lit mystérieux

Où la pudeur gardait la beauté que j'adore.

Amant toute la nuit, mon cœur veillait encore

Aux premières clartés qui blanchissent les cieux ;

Mais enfin sur mes yeux, fermés avant l'aurore,

Morphée a répandu quelques légers pavots ;

Des songes de bonheur berçaient mon doux repos.

Tu m'écoutais dormir dans un tendre silence,

Et ta main reposait légère sur mon cœur.

Il bat moins vite, il semble expirer de langueur;

Craintive à me troubler, ta furtive prudence

S'échappe du théâtre aux plaisirs élevé :

Mon Ève me quittait; je sentis son absence;

Quelque chose de moi parut m'être enlevé.

Aucun bruit ne résonne, aucun son ne me blesse;

Ton corps est si flexible et tes pieds si discrets !

Mais le temps qui s'enfuit trahirait nos secrets.

Alors par un baiser ta bouche me caresse :

L'éclair n'est pas plus prompt que ce charmant réveil

Qui conservait encor des traces du sommeil.

Plongé dans les langueurs de la plus douce ivresse,

Sur le mol oreiller que pressait ma maîtresse,

Des parfums de son corps je respire l'odeur;

Mon cœur touche la place où reposa son cœur ;

Une faible clarté, sur mes yeux répandue,

Me montre les objets sous un voile léger;

De Gnide et de Paphos colombe descendue,

Autour de ton amant tu parais voltiger.

Tu fuis et tu reviens, et ta bouche craintive
Vient frapper de ces mots mon oreille attentive :
« Mon jeune ami, c'est moi ; sur l'orient vermeil
» J'ai laissé trop long-temps s'avancer le soleil.
» Préservons nos plaisirs de crainte ou de surprise;
» L'absence, le hasard, un dieu nous favorise :
» Va, vole, échappe-toi par un secret détour;
» Exposer son bonheur, c'est offenser l'Amour. ».

Le Pouvoir d'Eucharis.

———◆◆———

Malgré ma tendresse et tes charmes,
Timide dans ta foi, tu crains, mon Eucharis,
    Que mon cœur ne rende les armes
    Aux jeunes Circés de Paris ;
Dans tes yeux trop souvent mes regards ont surpris
    De l'amour les jalouses larmes.
Écoute, et viens guérir d'une folle terreur.
Connais mieux ton empire, abjure ton erreur,
    O ma tendre et naïve Armide !

A nos feux le Dieu qui préside

Pour m'attacher à toi par des nœuds plus puissans,

Accorde une mémoire à chacun de mes sens.

Que peux-tu craindre, ô mon amante ?

Toujours belle, toujours présente,

Ton image me suit; et, fantôme adoré,

Me garde et me retient sous ton pouvoir sacré.

Ainsi la fugitive Hélène,

Sur les peuples de l'Eurotas

Et sur le cœur de Ménélas,

Régnait encore en souveraine.

Eh ! comment t'oublier ? Le doux esprit des fleurs

Dont chaque jour ton bouquet se compose,

La violette, et l'iris, et la rose

Qui garde encor ses vermeilles couleurs

Et ses parfums et ceux de ta personne,

Lorsqu'à mes vœux ton sein les abandonne,

A ton ami pensif, sur le déclin du jour,

Donne des souvenirs et des conseils d'amour.

La nuit, ce cœur, en pressant ta couronne,

Croit te toucher, et tout mon corps frissonne ;

Et tout à coup, ô quel enchantement !

A Salmacis, jeune, ardente et sensible,

Un nœud de flamme, une étreinte invincible,

Vient réunir son trop heureux amant.

A peine si le jour dissipe ces prestiges :

L'amour jaloux s'obstine à les garder encor,

Et craint en s'éveillant de perdre son trésor ;

Un autre sens pour moi fera d'autres prodiges.

Ta voix me suit comme un écho lointain,

Comme un concert du soir ou du matin,

Que l'air, ou l'onde, ou la forêt murmure ;

Juste, flexible, harmonieuse et pure,

Elle descend jusqu'au fond de mon cœur,

Elle y résonne, et fait couler mes larmes :

Mais son accent tombe, et, plein de langueur,

Semble annoncer de secrètes alarmes.

Alors, tremblant de surprise et d'émoi,

Je cours, j'arrive en m'écriant : « C'est moi,

» C'est ton amant inquiet et fidèle.

» J'ai redouté quelque crainte nouvelle .

» Dans ce cœur tendre et prompt à s'alarmer.

» Plus de soupçons, plus de pleurs, ô ma belle !

» Mais apprends-moi comment il faut t'aimer. »

L'Heureuse Mort,

Dans ce séjour mystérieux
Que tu remplis de ta présence,
Quand je viens rêver en silence
Sur un bonheur digne des cieux ;
Au souvenir de notre ivresse,
Je sens tout mon cœur tressaillir ;
Tantôt il bat avec vitesse,
Tantôt succombant de faiblesse,
Il s'arrête, il va défaillir.

Grands Dieux, que la mort serait douce,

Si, comme un flambleau consumé

Qui répand une vive flamme,

Heureuse d'avoir tant aimé,

Par degrés s'exhalait mon âme

En de longs et derniers soupirs,

Entre la volupté des larmes,

Les regrets, les doux souvenirs,

L'illusion pleine de charmes,

Et l'espoir du brillant séjour,

Où, pâle encor de son attente,

Béatrix vint offrir au Dante

Des palmes de gloire et d'amour!

La Nouvelle du Départ.

———◦◦———

Te souviens-tu du temps de notre ivresse,
De la saison où , brillant de jeunesse,
Impatient de revoir ton séjour
Comme l'oiseau qui vole au nid d'amour,
Je choisissais l'heure silencieuse
Où de l'airain la voix religieuse
Semble pleurer sur la perte du jour?
La nuit en vain me prêtait son mystère :

Quand le soleil revenait sur la terre,

Tout mon secret éclatait dans mes yeux;

« Regardez-le, disait la jalousie,

» De quel bonheur son front est radieux ! »

Oui, je vivais en convive des dieux,

De volupté, d'amour et d'ambroisie.

Rêve trop vain d'un cœur ambitieux!

Un seul moment m'a fait tomber des cieux;

Je suis mortel, je le sens à mes larmes.

O jour de deuil, de tristesse et d'alarmes!

Un bruit sinistre annonça ton départ;

Et tous les deux jetant un long regard

Sur l'avenir, immobiles dans l'ombre,

Marqués du sceau des profondes douleurs,

On nous eût pris pour deux marbres en pleurs.

A l'horizon, menaçant, triste et sombre,

Gronde la foudre, et ses coups redoublés

Portent le trouble en tes sens désolés;

Contre la crainte en vain je te rassure :

Auprès de moi ton cœur tremblant murmure,

Et sa faiblesse a passé jusqu'au mien ;

Et cependant lés mains entrelacées,

Dans les regrets abìmant nos pensées,

Nos seuls soupirs formaient notre entretien.

Mais tu le sais, la déesse crédule,

Qui répétait sans cesse au bon Tibulle,

Découragé par un sort rigoureux,

« Attends, demain te sera plus heureux, »

M'a fait présent de son prisme magique ;

Trompeur aimable et peintre magnifique,

Il éclaircit le ciel le plus obscur,

Et, par degrés séparant les nuages,

Fait apparaître un horizon d'azur

Entre leurs flancs noircis par les orages.

Ainsi, fertile en plus heureux présages,

Mon cœur t'offrit, pour calmer ton chagrin,

Un avenir plus doux et plus serein ;

Tu te laissas surprendre à ses promesses,

Et ton sourire accueillit mes caresses.

Ah! qu'un bonheur qui succède aux ennuis,

Comme l'aurore au deuil des tristes nuits,

Porte avec soi de grâces et de charmes !

Plein d'abandon, d'ivresse et de langueur,

Encor mêlé de soupirs et de larmes,

Bien plus qu'aux sens il appartient au cœur.

La Rencontre.

DIALOGUE.

— Ah ! te voilà ! toujours jolie !

— Sans doute toujours amoureux ?

— Que ta jeunesse est embellie !

— Réponds ; sans moi tu fus heureux ?

— Dieux ! que tes regards ont de charmes !

— Combien tu m'as coûté de pleurs !

— Ces yeux brillans verser des larmes !

— Tu ne crois pas à mes douleurs ?

— Le monde te disait volage.

— Le monde est perfide et léger.

— Si, reprenant mon esclavage....,

— Tu n'aimes pas, tu veux changer.

— Je me souviens avec délices!

— Je me rapelle avec chagrin !

— Ce beau jour a d'heureux auspices.

— Je crains même le ciel serein.

— Me bannis-tu de ta présence?

— Sans le pouvoir, je le voudrais.

— Me reste-t-il quelque espérance?

— N'attends plus rien que des regrets.

Vers pour l'Album de madame Tastu.

Dans ma prière au roi de la docte colline,

Je disais : tu créas l'émule de Corinne *.

Pour exprimer les feux, la grâce et les transports

Du dieu qui tout entier revit dans leurs accords,

Ajoute une autre muse au chœur de Mnémosyne.

Puisse le tendre amour la blesser de ses traits !

Que toujours ingénue, et sensible, et sévère,

Heureuse dans l'hymen par d'innocens attraits,

---

* Madame Dufrénoy.

6*

Avec un cœur de vierge elle ait un cœur de mère.

Comme l'astre des nuits voilé par la pudeur,

Qu'en elle le talent éclate avec mystère ;

Donne-lui, pour nourrir sa poétique ardeur,

Du penchant à rêver, du plaisir à se taire.

Dans ton souffle divin trouvant sa volupté,

Qu'on l'entende en secret préluder sur la lyre

Aux sublimes accords d'un chant de liberté ;

Et soudain de son front abaissant la fierté,

Fais céder sa jeune âme au folâtre délire

D'un enfant qui poursuit le vol de quelque fleur ;

Je la préfère encor muse de la douleur,

Les yeux demi-voilés, caressant d'un sourire

L'enfance qui s'endort dans son léger berceau,

Sans prévoir la douleur, la mort ni le tombeau.

Lève, ô nouvelle muse ! honneur de ma patrie,

Le voile transparent de cette allégorie ;

De ton portrait dans l'ombre il laisse la moitié ;

Mais ainsi l'ordonnait la discrète amitié.

La Paix.

———•◦•———

O PAIX ! disait Tibulle en des vers si touchans,
O toi qui fais fleurir nos troupeaux et nos champs !
Viens, de riches épis la tête couronnée,
Imposer ta présence à Bellone enchaînée ;
Réunis tous les cœurs, et loin de nos regards
De rouille consumés, cache les traits de Mars.
Ce vœu du bon Tibulle est le cri de la terre,
Le monde est cependant un théâtre de guerre.
Dans un riant vallon, le belier bondissant,
De sa nouvelle armure essayant la puissance,

D'un air moitié folâtre et moitié menaçant,

Attaque son rival dont le courroux naissant

    Montre déjà sa violence,

    Même en un combat innocent.

L'affreux vautour poursuit la timide colombe

    Qui périt sous l'aigle cruel ;

    Et, saisi d'un effroi mortel,

Au seul aspect du loup le faible agneau succombe.

La brebis elle-même, au naturel si doux,

A senti quelquefois des bouillons de courroux.

Et ces légers oiseaux, pleuplade aérienne,

    Qui respire la volupté,

    Dont la folâtre liberté

A les forêts pour tente et les cieux pour domaine,

    Jusques au lit de leurs amours

    Se font de sanglantes querelles ;

    Les coups de bec et les coups d'ailes

    Troublent la paix des plus beaux jours,

    Même parmi les tourterelles.

Mais le superbe roi de tous les animaux,

Cet héritier des cieux, fier de son origine,

Dont l'âme est un rayon de l'essence divine,

L'homme enfin, tant vanté pour ses sages travaux,

Instruit par la raison qui manque à ses vassaux,

    Sans doute il sait, heureux et sage,

    Couler des jours exempts d'orage ?

Hélas ! de la nature il corrompt les bienfaits,

Et son riant séjour est l'enfer de la paix.

On y trouve partout de fougueux Alexandres ;

La charrue insultant à des villes en cendres ;

Le diadème au front, et les chaînes aux pieds,

Devant un roi vainqueur les rois humiliés.

Des peuples à leur tour regardons les misères ;

Hélas ! au lieu de vivre en paix comme des frères,

Ils s'égorgent entre eux sans relâche et sans fin.

Monstre mystérieux, cruel, inexplicable,

Vautour plus dévorant que celui de la fable,

La guerre les condamne à repaître sa faim,

Et décime partout la fleur du genre humain.

Mais ne va point, ô muse ! emboucher la trompette.

Sous les mêmes drapeaux, une haine secrète,

Du guerrier, son rival, sépare le guerrier ;

En vain leur sang coula pour la même patrie,

Au milieu de la paix leur jalouse furie

Sème entre eux la discorde et dispute un laurier.

Lorsque les femmes, sous les armes,

Demandent à nos yeux le prix de la beauté,

Dans leurs propos furtifs quelle malignité,

Dans leurs regards combien d'alarmes,

Si nous penchons, nouveaux Pâris,

A couronner quelque Cypris,

Trop belle pour parer ses charmes !

Pour quelques brins de verts rameaux

Qu'aura bientôt fanés le souffle de l'envie,

Interrompant les soins de la plus noble vie,

On a vu les auteurs de sublimes travaux

Insulter un rival, le traîner dans la fange ;

Ainsi, Rome entendit, dans ses sacrés remparts,

Le divin Raphaël et le fier Michel-Ange

Disputer, par des cris, la royauté des arts.

Voyez le jeune Atys et Chloé, sa maîtresse,

 Le front de myrte couronné,

Exprimer dans leurs yeux, humides de tendresse,

 Un amour pur et fortuné.

Pourrait-on soupçonner qu'un voile de tristesse

Va bientôt obscurcir leur naïve allégresse?

Ah! le cœur des amans ressemble au ruisseau pur

 Qui baigne un riant hermitage,

Et réfléchit des cieux l'étincelant azur,

 Comme le plus faible nuage!

Un rameau qui s'échappe, un brin d'herbe, une fleur

De son cours fugitif troublent la transparence;

Ainsi, s'interposant entre eux et le bonheur,

Le plus léger sujet, une ombre, une apparence

D'Atys et de Chloé rompent l'intelligence.

Ils marchent au hasard, l'un de l'autre écartés;

Au gré de son caprice et de ses volontés,

 L'amour présent à leur querelle,

En attise le feu dans leurs cœurs irrités;

Mais soudain, au milieu de ce couple fidèle,

Il s'assied en riant, et du traité de paix

Scelle par des faveurs les articles secrets.

Les pardons de l'hymen ont-ils la même grâce ?

Je ne sais, d'en douter quelques-uns ont l'audace ;

A les croire, l'hymen est fertile en débats,

Et le perfide enfant, dont Cypris est la mère,

Loin de favoriser les sujets de son frère,

Entretient à dessein la guerre en ses états.

Pauvre paix, sur la terre, où donc est ton asile ?

Les sages avaient dit qu'avec toi de moitié,

Loin du monde et du bruit, la modeste amitié

T'admettait aux plaisirs d'un commerce tranquille.

Ils avaient dit, et moi, dans ma crédulité,

J'adoptai cette erreur comme une vérité.

Trompeuse illusion dont j'ai pleuré la perte !

L'amitié n'est souvent qu'une haine couverte

Qui garde sa victime et prépare ses coups,

Ou donne à la fortune un secret rendez-vous,

Pour déserter ensemble, en déployant leurs ailes,

Un asile étonné de les voir infidèles.

Détournons, Eucharis, les yeux de ce tableau ;

A ton âge le cœur aime à voir tout en beau ;

Mais sachons profiter d'une leçon utile :

En discors renaissans si le monde est fertile,

    Plus ménagers de nos beaux jours

Que ces tendres enfans dont j'ai tracé l'image,

Ah ! ne laissons jamais s'élever un orage

    Sur l'horizon de nos amours.

Si tu veux prévenir le plus léger nuage,

Ne renferme jamais de secrètes douleurs ;

Que ce cœur ingénu, délicat et timide,

Soit transparent pour moi, comme un ruisseau limpide

Qui réfléchit en paix le ciel, l'ombre et les fleurs

Le Temple.

A L'HEURE où du soleil s'efface la lumière,

Heure mystérieuse où le timide amour

Sur ses plaisirs passés fait un triste retour,

Quand d'Héloïse en pleurs la brûlante prière

    Mélait au nom de l'Éternel

    Le nom profane d'un mortel,

Pleins des mêmes ennuis, tristes des mêmes peines,

Hélas! notre bonheur, déjà près de sa fin,

Comme l'astre du jour penchait vers le déclin,

Nous suivions au hasard des routes incertaines.

    Un temple paraît à nos yeux,

    Et d'un instinct religieux

Ensemble nous entrons dans la demeure sainte.

Le silence et la paix en habitaient l'enceinte ;

Seulement des soupirs, élancés vers les cieux,

    De tendres et pieux murmures

    Révélaient aux voûtes obscures

Que d'autres supplians, répandus en ces lieux,

Étaient venus chercher, loin d'un monde frivole,

Et le Dieu qui pardonne, et le Dieu qui console.

Tu marchais à pas lents, le front triste et rêveur,

Des larmes dans les yeux, des larmes dans le cœur.

Tout à coup je te vois, pensive et recueillie,

Arrêter tes regards, pleins de mélancolie,

Sur la reine du ciel qui compte tous les pleurs,

Vierge au cœur chaste et mère aux sublimes douleurs :

Dans ses bras est un Dieu sous les traits de l'enfance :

Modèles inconnus de grâce et d'innocence,

Ils respirent encor cet éclat immortel

Que des yeux du génie avait vu Raphaël.

La pâleur de ton front décèle tes alarmes :

 Je te vois passer tour à tour

 Du repentir au fol amour ;

Le repentir revient, et t'arrache des larmes.

A la fin, de ton cœur s'échappent quelques mots.

 Au seul accent de ta voix tendre

 Je les compris sans les entendre.

« O reine ! disais-tu, parmi quelques sanglots,

 » Dans le cours d'un destin funeste,

» Pour ma jeunesse à peine il fut un jour serein :

 » L'amour tendre, ingénu, modeste,

 » Vint poser sur ce front chagrin

 » Quelques fleurs d'un éclat céleste.

» Ainsi que mon bonheur, dont il faut me punir,

» Cet éclat passager ne saurait revenir ;

 » Mais si leur parfum qui me reste

 » Réveille en moi quelque soupir,

 » Grâce au moins pour un souvenir. »

L'ombre se répandit sur la voûte étoilée
Au moment où cessait ta prière d'amour ;
Du céleste entretien tu sortis consolée,
Et ton cœur de la paix espère le retour.

7*

Sur le crayon d'Eucharis,
Que j'avais perdu dans les bois.

———◁●▷———

TALISMAN précieux dont la vertu m'inspire,

Par qui libre en l'essor de mon heureux délire,

Je me livre au démon des pensers créateurs,

Sans craindre que l'oubli, dans ces travaux de flamme,

N'emporte tous les vers échappés de mon âme,

Tu tombas de mes mains sur un tapis de fleurs.

Malheureux, j'ai perdu la baguette d'Armide!

Je sens ma verve éteinte et mon génie aride;

Les célestes transports se retirent de moi :

Mon visage et mon cœur en pâlissent d'effroi.

Où chercher, où trouver le don que je regrette ?

Je reviens sur mes pas, et ma vue inquiète,

Errant dans les détours de ces jeunes forêts,

Interroge l'arbuste et les sentiers secrets.

Orphée était moins triste en cherchant Eurydice.

De ces lieux j'implorai quelque nymphe propice :

La prière a du charme et souvent du pouvoir.

Soudain, près d'un ormeau, debout dans la clairière,

J'ai vu briller sous l'herbe un reflet de lumière ;

La nymphe ou quelques dieux ont rempli mon espoir.

A peine ai-je saisi de mes mains empressées

Le confident discret de mes vives pensées,

Que leur foule m'assiége et rentre dans mon sein,

Comme on voit dans Virgile un bourdonnant essaim,

Égaré dans les airs, à ses rois infidèle,

Revenir tout chargé d'une moisson nouvelle,

Se presser sur le seuil de ses riches palais,

Et reprendre à l'envi des travaux imparfaits.

Présent mystérieux d'une femme adorée,

Tu rappelles des jours de trop courte durée,

Ce printemps de l'amour si riant et si pur,

Un bonheur sans nuage, un ciel toujours d'azur.

Du même sentiment éloquens interprètes,

Tous les deux à la fois amans, peintres, poëtes,

Apollon et Vénus nous versaient leurs transports.

Si mes doigts un moment hésitaient sur la lyre,

Succédant à mes feux, ma Corinne en délire

De son amant surpris achevait les accords.

Muse de nos amours, ingrate à ton génie,

Toi qu'attendait le chœur des vierges d'Hélicon,

Pourquoi ne plus parler la langue d'Apollon ?

Dans ta bouche de rose elle a tant d'harmonie !

Viens t'égarer encor vers le sacré vallon.

Inutiles souhaits ! Présenté par toi-même,

Hélas ! ce don magique était un triste emblème

Du silence à ta voix imposé par le sort.

Ce don parlait assez ; je le compris d'abord ;

Mais ta voix ajouta : « L'amour fut mon seul maître.

» Adieu, transports divins que lui seul a fait naître,

» Mon bonheur disparaît, et mon génie est mort.

» Prends ce crayon; témoin de nos amours fidèles,

» La nuit à ma pensée il empruntait des ailes,

» Quand je voulais former quelque image de toi;

Il servit d'interprète à de brûlantes flammes;

» Que, ministre entre nous du commerce des âmes,

» Il te donne à présent des souvenirs de moi. »

Corinne, au nom des dieux, n'abjure point la gloire :

L'amour vit dans ton cœur; que sa riche mémoire

Enfante des tableaux avec des souvenirs;

Les ardeurs de Sapho, ses regrets, ses désirs,

Confiés à son luth harmonieux et tendre,

Des siècles attentifs se font encore entendre.

Imite son exemple, et, grâces à tes vers,

Notre flamme à jamais vivra dans l'univers.

L'Illusion déçue.

———◆◆◆———

Oserai-je aborder ce séjour de délices
    Où la pudeur et la beauté,
    Sous les traits de la volupté,
Recevaient mon encens et de purs sacrifices?
Entrons ; mais loin de moi l'importune clarté !
De cette sombre nuit j'aime l'obscurité.

    Voici le temple tutélaire
    Que Vénus avait adopté ;
    Mais l'amour dans le sanctuaire
    Cherche en vain la divinité.

Écoute mes soupirs, ô maîtresse adorée!

Sur le pâle horizon l'astre de Cythérée

Dès long-temps nous invite aux mystères d'amour.

De ce temple désert as-tu fui sans retour?

Tout se tait; cependant j'écoute et je frissonne.

Dans le vague des airs si quelque bruit résonne,

C'est le bruit de ses pas, c'est l'accent de sa voix.

Je l'entends. O désirs que le bonheur couronne,

J'ai respiré son souffle et son âme à la fois!

Ma divine Eucharis, oui, c'est toi que je touche;

Le frisson du plaisir, recueilli sur ta bouche,

Comme un éclair rapide a passé dans mes sens.

Eucharis! m'écriai-je; et mes bras caressans,

L'un à l'autre enlacés, l'entraînent vers sa couche.

　　Là devait expirer une si douce erreur;

Mais, saisi des transports d'une aveugle fureur,

J'imprime sur ton lit mille baisers de flamme,

Et, dans l'illusion où s'égare mon âme,

Je crois les prodiguer au corps voluptueux

Qu'un éclair de l'amour sillonne de ses feux.

Hélas ! rien ne répond à ces vives tendresses ;

Je ne sens pas ton cœur, ému de mes caresses,

Se gonfler sous mes mains et battre de plaisir :

Un regret douloureux alors vient me saisir.

Incliné sur la place où reposaient tes charmes,

Je la presse en tremblant, je l'arrose de larmes.

Plus sombre que la nuit de ce funeste lieu,

Jadis un Élysée, où j'étais presque un dieu,

J'y reste comme une ombre immobile et muette

Qui revient visiter l'ami qu'elle regrette,

Et lui dire en pleurant un long et triste adieu.

L'intelligence des Coeurs.

———

Au moment si cruel de nos premiers adieux,
Avant que le soleil marquât l'heure suprême
Qui devait m'arracher la moitié de moi-même,
« Mon ami, disais-tu, les larmes dans les yeux,
» Jusqu'ici protégés des ombres du mystère,
» Nos feux sont un secret entre l'Amour et nous.
» Qu'un silence à la fois et modeste et jaloux
» Aux profanes regards le cache sur la terre.
» Prenons pour confident l'astre silencieux
» Dont la Nuit et Vénus adorent la lumière.

» Chaque fois que son char montera vers les cieux,

» L'un et l'autre, en secret, de nos cœurs en prière

» Élevons jusqu'à lui l'hymne religieux.

» Jadis il entendait nos naïves alarmes;

» Et, levé tout à coup comme un fanal d'amour,

» Il donnait aux plaisirs le signal du retour;

» Ensemble devant lui nous répandrons des larmes.

» Déçus par les attraits d'un magique entretien,

» Présens malgré l'absence, et ton cœur et le mien,

» Comme aux jours du bonheur, sauront encor s'entendre.

Tels étaient les conseils de l'âme la plus tendre.

« O ma chère Eucharis, répondis-je à mon tour,

» J'accepte avec bonheur l'illusion charmante,

» Remède ingénieux que ton cœur me présente

» Pour tromper les ennuis d'un malheureux amour. »

Eucharis, ces deux lois, que ta bouche a dictées,

Comme un arrêt du ciel je les ai respectées.

Moi, révéler d'un dieu les mystères secrets,

Admettre un seul mortel à notre confidence!

Autant vaudrait, hélas! que ma folle imprudence

Permît aux yeux jaloux d'entrevoir tes attraits!

Des trésors de l'amour loin de moi tout partage!

Je suis seul dans le monde avec ta douce image;

De mille souvenirs toujours chers et présens,

Elle occupe mon cœur, ma mémoire et mes sens.

Ainsi passent les jours, ô maîtresse adorée!

Et quand l'astre des nuits, l'astre que tu chéris,

Fidèle au rendez-vous donné par Eucharis,

Répand ses premiers feux sur la voûte azurée,

A cet ami céleste et tendre à mon malheur,

Je confie en pleurant ma trop vive douleur.

Ah! sans doute avec moi toujours d'intelligence,

Tu viens au même instant adorer en silence

L'astre consolateur de nos longs déplaisirs;

Oui, sans doute, il te voit triste, mais toujours belle,

Attentive aux regrets de l'amour qui t'appelle,

Mêler à mes accens ta plainte et tes soupirs.

La Prière de l'Amante.

TENDRE et sainte médiatrice
Entre le roi des cieux et les faibles mortels,
Écoute ma prière, et vois d'un œil propice
Ta plus humble servante embrassant tes autels.

Du trône sublime où tu brilles ,
Que les anges en chœur adorent à genoux ,
Tu protèges la mère et les vierges ses filles,
Et l'enfant au berceau, délices des époux.

Surpris des vents et des orages,
La mort de tous côtés presse les matelots;
Ils invoquent Marie, et, chassant les nuages,
Le souris d'une vierge a désarmé les flots.

Divinité de l'innocence,
Appui de l'opprimé, refuge du malheur,
Tu daignes recevoir leur triste confidence :
Te prier, c'est déjà consoler sa douleur.

Inépuisable en tes tendresses,
A nos moindres ennuis ton cœur sait compatir ;
Rien ne peut te cacher nos secrètes faiblesses,
Mais ton pardon toujours attend le repentir.

Oiseau battu par la tempête,
L'aquilon m'épouvante et même le zéphyr !
J'ai besoin d'un abri pour reposer ma tête :
Dans ton sein maternel veux-tu me recueillir?

8*

Daigne exaucer ma voix timide ,

Et fais que la prière, en soulageant mon cœur,

S'épanche devant toi comme l'onde limpide

Que le désert révèle au pauvre voyageur. .

Poésies Érotiques.

SECONDE PARTIE.

Poésies Érotiques.

SECONDE PARTIE.

La Branche de Myrte.

Jeune, sensible, et folâtre et timide,
Avec sa grâce et son cœur sans détour,
Dans l'art de plaire elle eût instruit Ovide,
Quand, sur les bords d'une source limpide,
L'heureux printemps commença notre amour.

Vive aux plaisirs comme un enfant volage,
De chaque objet elle cueillait la fleur.

Son doux souris prévenait un orage,

Et, par instinct, plus habile qu'un sage,

Elle craignait d'offenser le bonheur.

Mes yeux, mon cœur, mes sens la trouvaient belle;

C'était Chloris ou bien la Volupté.

Dieu créateur, dieu présent et fidèle,

L'Amour lui-même, en se jouant près d'elle,

Avec plaisir achevait sa beauté.

Un jour, hélas! pour une longue absence,

Le sort voulut m'arracher de ses bras;

D'un séducteur la perfide éloquence

Tendit ses rets autour de l'innocence,

Et dans le piége il entraîna ses pas.

A mon retour, la grâce de ses larmes,

De ses regrets le naïf abandon....

Ah! les Circés n'ont point de pareils charmes!

Vaincu sans art, je lui rendis les armes,
Et tout mon cœur accorda le pardon.

La soupçonner! Loin de moi cette injure;
Il est si doux et de croire et d'aimer!
Mais dans son sein le repentir murmure,
Et la tristesse y creuse une blessure
Qu'aucune main ne pourra plus fermer.

Je la voyais s'éteindre à chaque aurore,
Belle d'amour, et pâle de douleur.
Telle, en secret, lorsqu'un ver la dévore,
Avant le temps passe et se décolore
D'un champ vermeil la plus brillante fleur.

Comme le son d'une lyre plaintive,
Vers le matin mourut sa faible voix;
Mais, pour toujours, quand sa langue est captive,
Cette âme tendre et déjà fugitive
Veut me parler pour la dernière fois.

Elle m'adresse un céleste sourire;

D'un myrte en fleurs la branche est dans sa main.

En me l'offrant, son regard semblait dire:

Je t'aime, hélas! au moment où j'expire;

Puis-je espérer d'aimer encor demain?

Sur la Mort d'une Enfant
Agée de trois ans.

———•———

Sur un jeune arbrisseau des rives de l'aurore,
Une rose, entr'ouverte aux rayons du soleil,
Naguère en mon jardin levait son front vermeil.
Le premier jour la vit, digne émule de Flore,
Conserver son éclat, sa vive et douce odeur.
Vers le second matin elle était belle encore;
Mais son parfum plus faible et déjà sa pâleur
Trahissent le secret du mal qui la dévore.

Sur le soir par degrés elle se décolore :
Le troisième soleil a méconnu sa fleur ;
Feuille à feuille elle tombe, en exhalant encore
Un reste de parfum qui bientôt s'évapore.

De l'objet de tes pleurs tels furent les destins :
L'enfant, comme la fleur, brillait de mille charmes ;
Comme la fleur, l'enfant n'a vu que trois matins.
Sur ton sein maternel arrosé de tes larmes,
Sa tête s'est penchée à son dernier soupir,
Et d'elle il n'est resté qu'un tendre souvenir.

Sur la mort du jeune Callot.

D'un mortel vertueux ô brillante espérance,
Délices de ton père, idole de tes sœurs,
Albert, ma voix t'appelle!... Un funeste silence
Me dit que sur ta tombe il faut verser des pleurs.

Une tombe et des pleurs, voilà ce qui nous reste,
Quand tu devrais cueillir les roses du printemps
Pour le front virginal de la beauté modeste,
Ou du premier amour murmurer les sermens!

Amour, beauté, plaisirs, et toi, saison de Flore,
Vous n'avez plus d'éclat et de charme à mes yeux ;

De mon cœur attristé l'ennui vous décolore,
Et j'assiste sans joie au spectacle des cieux.

Quels dons ce jeune ami reçut de la nature !
Des penchans vertueux la généreuse ardeur,
Un esprit délicat, une âme noble et pure
Qui n'eût jamais perdu sa première candeur !

Par les muses nourri dès la plus tendre enfance,
Leur voix daigne l'instruire au sortir du berceau :
Virgile et Cicéron, ses maîtres d'éloquence,
Allument dans son cœur le saint amour du beau.

Sur l'élève chéri d'une école immortelle,
Avec quels soins d'amour veille un père adoré !
Des vierges de Vesta la piété fidèle
D'un œil moins attentif gardait le feu sacré.

De l'âge et du respect sans franchir l'intervalle,
Le fils obéissait au nom de l'amitié :

Le père était Nisus, et le fils Euryale.
Ah! Nisus de lui-même a perdu la moitié!

Père trop malheureux, quel coup pour ta tendresse!
Mais écoute ma voix : Euryale a des sœurs;
Euryale, en mourant, t'a légué leurs caresses
Pour consoler ta vie en essuyant tes pleurs.

Et toi qui succombas dans un âge si tendre,
Comme un brillant pavot par le soc moissonné,
Toi dont j'irai chercher et saluer la cendre,
Écoute ma promesse, ô jeune infortuné!

Aussi pieux qu'un fils pour le nouveau Virgile,
Tu suivis son cercueil arrosé de nos pleurs;
Je redirai ton nom aux mânes de Delille,
Et je garde à ta cendre une larme et des fleurs.

9*

Imitation de l'Italien.

————◆————

Si je baise ton front aussi blanc que l'ivoire,
Un léger fard y monte en signe de plaisir;
Si je baise tes yeux, ces yeux qui font ta gloire,
Qui lancent dans mon cœur les flèches du désir,
J'y vois briller la joie en rayons de lumière;
Tout à coup, abaissant leur mourante paupière,
Ils semblent se fermer, ivres de volupté;
Mes baisers de ton sein doucement agité
Font lever et baisser les deux globes d'albâtre;
Mais ton front et tes yeux, ton sein que j'idolâtre,

Où mes lèvres toujours brûlent de se poser,

Ne me rendent jamais le plaisir du baiser.

La bouche, ô ma Vénus ! seule est reconnaissante.

Vous la voyez d'abord, tranquille et complaisante,

Offrir sa double rose aux désirs de l'amour :

D'un bonheur plus parfait le désir la tourmente ;

Déjà vous la sentez active, impatiente,

Payer tous vos transports du plus brûlant retour.

L'agréable concert, quand deux bouches avides,

Émules de plaisir, dans leur choc amoureux

Se donnent cent baisers, mille baisers rapides,

A peine interrompus par des soupirs heureux !

La bouche est de nos feux le fidèle interprète ;

C'est elle qui reçoit, qui transmet et répète

Les aveux, les sermens, l'amoureuse langueur,

Enfin tous les secrets du plaisir et du cœur.

Les âmes des amans par elle se répondent,

Les âmes des amans par elle se confondent.

L'Instant d'après.

Du plus céleste des plaisirs
O chers et tendres souvenirs,
Laissez de ses transports se reposer mon âme.
Mais non ; chaque moment vient rallumer la flamme
Et le tourment de mes désirs.
Semblable au voyageur dont les lèvres avides,
Au milieu d'un désert, dévoré de chaleur,
N'ont pu qu'un seul moment, au sein des flots limpides,
Respirer à la fois la vie et la fraîcheur,
J'effleurai du plaisir la coupe enchanteresse;

Et le nectar de volupté

Dont ma brûlante avidité

S'enivra sur ta bouche, ô ma jeune maîtresse,

    Fermente encore dans ce cœur

    Plein de transports et de langueur.

De chacun de mes sens la mémoire fidèle

    Ajoute une pointe nouvelle

    Aux traits dont Vénus m'a blessé.

    Par toi doucement enlacé,

    Ton ami croit encore entendre

    Cette voix si douce et si tendre,

    Et qui soupirait tour à tour

    Et les murmures de l'amour

Et d'un cœur vertueux la touchante prière;

Je vois de tes regards la mourante lumière,

Alors que vers le ciel élevant tes beaux yeux,

Ta pudeur implorait ton amant et les dieux.

    Un mot arrêtait mon ivresse;

Mais bientôt un baiser tendre et voluptueux,

Que tes lèvres en vain refusaient à mes feux,

Emportaient loin de moi ton ordre et ma promesse.

Ta main, en l'effleurant, fait tressaillir mon cœur;

    De ce cœur tendre qu'elle touche,

    Je la vois passer sur ta bouche.

De ton sein palpitant l'admirable rondeur

Se gonfle de plaisir sous mes mains caressantes;

Je presse de ton corps les formes ravissantes,

Et la fièvre d'amour, qu'allument tes appas,

Absent me brûle encore ainsi que dans tes bras.

Impromptu.

———

Pour un amant, pour un poëte,
O dieux, la charmante retraite!
Que dans ces lieux, auprès de vous,
Les jours seraient heureux et doux !
Combien les nuits seraient plus belles !
De quelques vives tourterelles
La voix, les frémissantes ailes
A nos cœurs, au déclin du jour,
Donneraient le signal d'amour.
Ensemble, à leurs leçons fidèles,

Sous les regards de la nuit et du ciel,

Nous goûterions un bonheur immortel.

Dans les transports de ma brûlante ivresse,

Je chanterais l'amour et la beauté,

Et dans vos bras, ô femme enchanteresse!

Je reviendrais mourir de volupté.

La Surprise.

A QUATORZE ans (cet âge tendre, heureux,

N'est plus l'enfance, et n'est pas la jeunesse)

Déjà sensible, et partant amoureux,

Le beau Daphnis portait à sa maîtresse

Des lilas blancs, et la modeste fleur

Dont les parfums trahissent la pudeur.

Sur le duvet repose sa Justine,

Dans ses beaux yeux il n'est pas jour encor;

Daphnis attend : une porte voisine

S'ouvre à demi; par elle, en reflet d'or,

L'éclat du jour dans l'ombre s'insinue :

Heureux enfant, il découvre à ta vue

Ta jeune amante au moment du réveil ;

Son œil s'entr'ouvre aux rayons du soleil

Qui luit sur elle, et, levant sa paupière,

Voit à la fois Daphnis et la lumière.

Il est près d'elle, il palpite d'amour,

Prend des baisers, et sa bouche répète

Tendres sermens. Justine était muette ;

Mais elle rend le baiser à son tour.

De ces enfans, instruits par la nature,

Les tendres voix, les âmes, les soupirs

Sont confondus, forment un doux murmure.

Accord charmant! mystérieux plaisirs !

La voix d'un père est soudain entendue,

Elle résonne, approche à tout moment ;

Que deviendront Justine et son amant ?

Fuyez, Daphnis, hélas! je suis perdue.

Daphnis échappe, et, libre de la peur,

Tressaille encor de joie et de bonheur.

Le cou tendu, l'œil fixe d'épouvante,

L'oreille au guet, et la main sur son cœur

Qui tremble et bat de honte et de frayeur,

Justine écoute; et, contre son attente,

Le bruit mourant se perd dans le lointain;

Au doux baiser son cœur revient soudain.

Du lit discret la toile complaisante

Cache le front de l'aimable innocente

Qui ferme l'œil, imite le sommeil,

Pour repenser à ce charmant réveil.

Le Baiser du Souvenir.

———————

Non loin des rives poétiques

Où, dans ses vers mélancoliques,

Pétrarque chanta ses tourmens,

Hylas admirait le printemps.

Sur le penchant d'une colline

Qui doucement baisse et s'incline

Jusques au bas d'un frais vallon ,

Bien défendu de l'aquilon ,

Il aperçoit la tendre Isaure,

Premier objet de son ardeur

Elle était jeune et belle encore :
Du temps le souffle destructeur
Souvent, dès la seconde aurore,
Fane les fleurs, les décolore;
Son indulgence a respecté
Cette rose dans son été.

Isaure, tremblante et surprise,
A reconnu son cher Hylas;
Mais elle s'arrête indécise,
Voulant poursuivre et n'osant pas.
Hylas impatient s'élance,
Et sa maîtresse qui balance
L'entend, le reçoit à la fois;
Elle est sans force, elle est sans voix;
Mais lui, dans ses transports, s'écrie
En la serrant entre ses bras :
« Toi que j'aimais plus que ma vie,
» Que j'aimerai jusqu'au trépas,
» Toi que toujours mon cœur rappelle,
» Dis, par quelle faveur des dieux

10*

» Te retrouvé-je dans ces lieux?

» Isaure, hélas! se souvient-elle »...?

— « Pourrais-tu douter de ma foi,

» Cher Hylas? une loi cruelle,

» Un père ont disposé de moi;

» Mais ce cœur est resté fidèle. »

Comme le fer vole à l'aimant,

De la maîtresse et de l'amant

A ces mots les lèvres s'unissent;

En se touchant leurs corps frémissent;

Tout leur printemps est de retour :

Et tous les deux, brûlans d'ivresse,

Dans la coupe de la jeunesse

Boivent le nectar de l'amour.

De ces transports, de ce délire,

Plus calme enfin leur cœur respire :

Les bras doucement enlacés,

Les yeux l'un sur l'autre fixés,

L'ardent Hylas et son amante

De l'humble mont suivent la pente.

Ils se parlaient de leurs plaisirs,

Dn temps d'amour et d'innocence

Où la plus simple jouissance

Contentait leurs jeunes désirs.

Cette confidence chérie

Les fait soupirer à la fois;

Et du vallon au fond des bois,

Du fond des bois à la prairie,

Leurs pieds foulant l'herbe fleurie

Vont et reviennent tour à tour.

Hélas! le plaisir et l'amour

N'ont jamais su compter les heures.

Du haut des célestes demeures,

Déjà le dieu brillant du jour,

Calmant son rapide incendie,

Laissait, avec l'ombre agrandie,

Renaître un souffle de fraîcheur.

« Ami, c'est assez de bonheur;

» Il faut nous quitter, dit Isaure. »

— « Écoute un amant qui t'implore. »

— « Au nom des dieux, calme ton cœur.

» Notre amour était légitime ;

» Désormais, sans honte et sans crime,

» Nous ne pouvons l'entretenir ;

» Mais, pour charmer notre tristesse,

» Laissons quelquefois revenir

» L'image douce, enchanteresse

» De cette innocente caresse,

» De ce baiser du souvenir. »

À la jeune Élisa.

Un prêtre chéri d'Apollon,
Instruit par ce dieu même à marcher sur les traces
De Pope, de Lucrèce et du hardi Milton,
Le Virgile français, le favori des Grâces,
Devait de quelques vers embellir ce recueil * ;
Mais la cruelle mort dans l'ombre du cercueil
    A caché notre grand poëte,

* Delille avait promis des vers pour l'album de cette jeune et charmante personne, et la mort l'avait empéché de tenir sa promesse.

Et sa lyre veuve et muette
De ce maître divin ne veut pas d'héritier.
A vous plaire attentif, on m'a vu la prier
D'inspirer un moment l'élève de Delille.
« Viens chanter, lui disais-je, ô lyre de Virgile !
» Viens chanter la beauté dans l'âge de l'amour.
» De grâce et de pudeur son charme se compose ;
» Élève de Minerve, elle connaît la cour
» Du dieu qui sur le Pinde a choisi son séjour.
» Enlaçant sur son front le myrte avec la rose,
» Elle eût paru jadis aux fêtes de Délos,
» Et conduit, sous les yeux d'une mère attendrie,
  » Quelque brillante théorie,
» L'élite et l'ornement des vierges de Claros. »
J'avais dit. Vains discours et prière inutile !
La lyre indifférente est sourde à mes souhaits ;
Et, triste de la voir sous mes doigts immobile,
Confus de ses dédains, je m'éloigne et me tais.

À M. de Parny.

Lorsque, docile à votre voix,
J'osai pour la seconde fois
M'aventurer sur le Parnasse
Et risquer enfin au grand jour
Quelques vers, enfans de l'amour,
Craintif jusque dans mon audace,
A part moi je disais : « Encor
» Si le Tibulle de notre âge
» De mes travaux, par son suffrage,
» Favorisait le jeune essor,

» Je sentirais plus de courage. »

Vous exaucez mes vœux secrets,

Un sourire de votre muse

Séduit mes juges qu'elle abuse,

Fait la moitié de mon succès ;

Le reste encore est votre ouvrage.

Du tendre amour si quelquefois

J'ai su parler le vrai langage,

Oui, c'est à vous que je le dois.

Comme les vers de La Fontaine,

Vos vers, ô chantre séducteur !

Ont la puissance d'Hippocrène ;

Ils ont un charme inspirateur.

Leur pure et douce mélodie,

Quand ma veine s'est refroidie,

Ranime à l'instant ma langueur ;

Je sens renaître dans mon cœur

La flamme d'un heureux délire,

Et mes doigts courent sur la lyre.

Mais votre art est mystérieux ;

Pour les secrets qu'il vous révèle

J'ai l'ardeur des vœux de Sémèle :

Imitez le maître des dieux.

Ah! je conçois qu'à son aurore,

Lorsque la vie est dans sa fleur,

L'amant chéri d'Éléonore

D'Albane ait trouvé la couleur

Pour peindre un objet enchanteur

Que ses regrets suivent encore.

Mais, mon cher Tibulle, entre nous,

Adoriez-vous toutes les belles

Que vous peignez de traits si doux?

Ou, si vous fîtes comme Apelles,

Sous quels climats aimés des cieux,

De cent portraits délicieux

Avez-vous trouvé les modèles?

Vous vous taisez, peintre discret;

Je trahirai votre secret.

Dans l'art d'aimer novice encore,

Vos premiers vers venaient d'éclore;

Un songe, présent d'Apollon,

Sur les hauteurs de l'Hélicon,

Vous montra les dieux de la terre.

Le Jupiter, enfant d'Homère,

La trinité des Indiens,

Odin, ce foudre de la guerre,

Entouraient le dieu des chrétiens,

Vainqueur et roi de ces païens.

Apollon se lève et commence :

« Au sein de cette belle France,

» Où les femmes ont des autels,

» Un poëte vient de paraître :

» Cypris et moi l'avons fait naître.

» Délices promis aux mortels,

» Il a reçu de la déesse

» La grâce et la délicatesse,

» Un charme exquis de vérité,

» D'élégance et de volupté.

» Qu'il puisse encor voir sans nuages

» Le plus parfait de nos ouvrages,

» Cette beauté, l'amour des dieux,

» Et dont le temple est dans les cieux.

» Du plus aimable des prophètes,

» Venez, séduisantes houris,

» Venez caresser d'un souris

» Le plus sensible des poëtes,

» Le plus cher de mes favoris.

« Que les beautés mélancoliques

» Qui parent leurs attraits pudiques

» D'un léger voile de brouillards,

» De mon fils charment les regards.

» Venez encore, ô messagères

» Du brave et redoutable Odin !

» Vous que brûle l'amour divin,

» D'un dieu de paix tendres épouses,

» Ah ! de grâce, ne fuyez pas ;

» De vos mystérieux appas

» Vénus, Hébé seraient jalouses. »

Poison de notre vanité,

Toi qui perdis jadis un ange,

Douce et funeste louange,

Quel cœur jamais t'a résisté?

A sa voix ces ombres heureuses

Sous cent formes voluptueuses

S'avancent, et sous vos yeux

Passent les merveilles des cieux.

Hélas! ces beautés angéliques,

Légères comme les vapeurs

Dont nous admirons les couleurs,

Les apparitions magiques,

Sur l'aile agile du sommeil

Pouvaient s'envoler au réveil;

L'amour lui-même, en traits de flamme,

Grava leur image en votre âme :

Heureux enfans de vos loisirs,

Les portraits de toutes ces belles,

Que vous donnez pour des mortelles,

Sont de célestes souvenirs.

À M. Delille *.

Est-il bien vrai que le second Virgile,
Pour saluer mes pénates d'argile,
Quitte les hauteurs d'Hélicon?
Quoi! ce favori d'Apollon
A ma prière est si facile !
Tels de la docte antiquité
Les dieux, loin des regards profanes,
Quelquefois sous d'humbles cabanes
Goûtaient les doux plaisirs de l'hospitalité.

* Extrait du Mercure de France du samedi 3o août 1811.

11*

Témoin cette touchante histoire
De Philémon et de Baucis,
Dont l'Olympe même a transmis
Les simples noms à la mémoire.
Chantre de l'immortalité,
Ainsi, grâces à toi, dans la postérité
    J'ai droit d'espérer quelque gloire;
Oui, l'on saura que tu m'as visité,
Que tu daignas souvent, avec bonté,
    Sourire aux accens de ma muse,
    Et même (si je ne m'abuse)
    M'accorder un peu d'amitié :
    Mon nom ne peut être oublié.
Fais plus encor; semblable à l'aimable déesse
Dont la bouche de rose et le souffle embaumé
Répandaient sur un fils tout à coup transformé
    Ce vif éclat de la jeunesse,
Plus brillant que l'azur ou la pourpre des cieux,
Et cette majesté, noble attribut des dieux,
    Daigne aussi ta muse immortelle,

Pour prix d'un culte si fidèle,

M'inspirer ces brûlans transports

Qui s'exhalent de l'âme en sublimes accords!

Du ciel voilà pour moi l'influence secrète :

Alors, sans profaner ce grand nom de poëte,

Entraîné sur tes pas dans le sacré vallon,

J'ose m'unir aux chœurs des prêtres d'Apollon;

Et, si j'arrive un jour au port de la vieillesse,

Je veux d'un art que j'aime, en lui donnant leçon,

Apprendre au jeune nourrisson

Des chantres éloquens de Rome et de la Grèce,

A célébrer avec ivresse

L'émule de Virgile et du noble Thompson.

Les Métamorphoses du Poëte *

A M. DELILLE.

Voyez-vous cette lyre, en ces lieux suspendue,
Languir dans le repos, muette et détendue?
Pourriez-vous soupçonner son magique pouvoir,
Et que, doué d'une âme et prompt à s'émouvoir,
Cet instrument, docile au toucher du génie,
Versera tout à coup des torrens d'harmonie?

* Ces vers ont été lus au collége de France le jour où M. Delille présenta M. Tissot comme son remplaçant, aux nombreux auditeurs accourus pour entendre encore le grand poëte.

Le dieu vient et l'inspire, et ses doigts frémissans

A peine ont essayé quelques simples accens,

Qu'au bruit harmonieux des cordes qui s'agitent,

D'un plaisir inconnu déjà nos sens palpitent.

La lyre, en soupirant, attendrit tous les cœurs,

Y fait couler l'amour et ses molles langueurs.

Tout à coup, au signal d'un nouveau Timothée,

De belliqueux transports elle semble agitée,

Et du fier Alexandre éveillant la fureur,

Remplit l'Asie encor de deuil et de terreur.

    D'un prêtre d'Apollon ainsi l'âme sommeille;

Mais alors que du dieu le souffle la réveille,

Soudain elle résonne et produit des accords;

Et, soit que le poëte, enflammé de transports,

Avide, étincelant, plonge et se désaltère

A la source éternelle où s'abreuvait Homère;

Soit que d'un chant divin heureux imitateur,

Il répète d'un ton facile et créateur

La mort du grand César ou les pleurs d'Aristée,

Nous retrouvons en lui le flexible Protée.

Des chantres ses rivaux ou des muses ses sœurs

Il revêt à son gré la forme et les couleurs,

Et fait à nos regards une douce imposture.

Écoutons.... Quelle voix mélodieuse et pure

Apprend aux bois émus à répéter ses chants?

Ah! ce sont les accords de la muse des champs.

De mon divin Virgile, ô divine interprète!

Conduis-moi vers l'Hémus, au sommet du Taygète,

Où des filles de Sparte un virginal essaim

Bondissait en cadence et le thyrse à la main!

Je crois entendre encor la jeune et noble muse;

Mais des bois attentifs c'est l'écho qui m'abuse

En répétant ses chants pour l'oreille des dieux.

Déjà le casque au front, terrible, et dans les yeux

Les sinistres éclairs de la cruelle joie

Que lui donne l'espoir de dévorer sa proie,

La muse des bergers semble une autre Pallas;

Elle chante la guerre et les sanglans combats

Que fit naître, ô Junon! ta fière Jalousie.

Du vieux dominateur de la superbe Asie

La puissance est tombée et le peuple expirant;

De l'autel de ses dieux, qu'il embrasse en pleurant,

On entraîne d'Hector le vénérable père :

Sa tête est arrachée ; étendu sur la terre,

Tout son corps n'offre plus qu'un informe lambeau,

Un cadavre inconnu, sans nom et sans tombeau !

Ce tableau déchirant des malheurs de Pergame

D'une terreur profonde a pénétré mon âme;

En accusant les Grecs et leurs injustes dieux,

De ces scènes d'horreur je détourne les yeux;

La muse me regarde et daigne me comprendre,

Et sa voix aussitôt, sur un mode plus tendre,

Soupirant de Didon l'amour et les douleurs,

Pour elle à ma pitié demande encor des pleurs.

Soudain, sans déserter les traces de Virgile,

Du brillant Torquato la déesse mobile

Emprunte tour à tour la lyre et le hautbois,

Et m'entraîne avec elle au dédale des bois.

Ah! dieux, l'aimable erreur! ah! dieux, l'aimable guide!

Tantôt c'est Herminie et tantôt c'est Armide.

L'humble verger lui plaît, et son art quelquefois
Surpasse en ses jardins tout le luxe des rois.
J'admirais leur éclat, leur pompe et leur richesse;
Mais voilà que, semblable à la tendre déesse
Qui fuit en exhalant des parfums précieux,
Par un nouveau caprice elle échappe à mes yeux.
Je la cherchais encor, quand, belle et demi-nue,
Une autre enchanteresse apparut à ma vue *.
Sa tunique est changeante et ses cheveux épars;
La flamme du génie allume ses regards;
Sur sa tête inspirée une flamme étincelle :
Tout mon cœur a volé vers la noble immortelle;
Elle me tend la main, m'appelle d'un souris.
De quel ravissement, ô ciel! je fus surpris
Quand, d'un ton solennel, sa parole féconde
S'empara d'un sujet aussi grand que le monde.
Les révolutions de la terre et des cieux,
Les empires déchus, ces globes radieux
Dont un ami d'Hermès, un prêtre d'Uranie,

* L'Imagination.

Devina le premier l'éternelle harmonie ;

Des siècles écoulés le fécond souvenir,

Les fastes du présent, la nuit de l'avenir ;

Les mystères du cœur, ce profond labyrinthe

Où descend avec peine et pénètre avec crainte

L'ami de la vertu qui d'une douce erreur

Ne veut désabuser son esprit ni son cœur ;

De la nature, enfin, les plus rares prodiges,

Et de l'art, son rival, les plus brillans prestiges,

Éclatent tour à tour sous le riche pinceau

Dont l'audace a choisi l'univers pour tableau.

    Parfois du roi prophète elle emprunte la lyre ;

Et, suivant de Milton le sublime délire,

Sa voix répète encor ces chants audacieux,

L'étonnement du monde et le charme des cieux.

Je m'enivre à longs traits du plaisir de l'entendre ;

Mais d'un vol si hardi je la vois redescendre ;

De caprice en caprice et d'erreurs en erreurs,

Du jeune et libre oiseau voltigeant sur les fleurs,

Elle imite la voix, la souplesse et la grâce,

Et la folâtre ainsi nous charme et nous délasse.

Ah ! s'il vivait encor, ce peuple ingénieux,

L'ami, le compagnon, le familier des dieux,

Des nymphes, des sylvains, de Flore et du Zéphire,

Crédule à ce récit, on le verrait sourire !

Souriez donc aussi, nouveaux Athéniens;

Et si, trompant ensemble et vos yeux et les miens,

Une erreur nous fit voir ces muses si brillantes,

Aux attraits demi-nus, aux robes voltigeantes;

Si leur douce présence et leurs chants inspirés

Sont une illusion de mes sens égarés,

Vous en accuserez le magique poëte

Qui, des vierges du Pinde éloquent interprète,

Comblé par Apollon des plus tendres faveurs,

Sait fasciner les yeux et subjuguer les cœurs.

La Maison de Bouteillerie.

ＡＭＩ des champs, des vers et de l'étude,
Tu veux savoir quelle est la solitude
Où, loin du bruit, du tumulte et des cris,
Loin des plaisirs d'une superbe ville,
Je me repose indolent et tranquille,
Sans regretter un moment ce Paris,
Toujours ému, toujours gros d'un orage,
Comme la mer, dont il offre l'image.
On a beaucoup prodigué les tableaux,
Et je maudis la fureur de décrire;
Mais tu le veux; que l'amitié m'inspire :

Ma toile est prête, et je tiens mes pinceaux.

Notre maison.... Ah! voilà mon poëte!

Me diras-tu : du séjour qu'on lui prête

Il est déjà le maître et le seigneur.

Méchant ami, respecte mon bonheur;

Elle est à moi la maison que j'habite;

Ils sont à moi les champs que je visite:

Je les possède, et mes nouveaux désirs

Changent de lieu pour changer de plaisirs.

 J'aime à trouver, dans mes libres voyages,

Sur un coteau qui s'élève en rempart,

Quelques moulins répandus au hasard;

J'aime à leur pied de riches pâturages,

Un peuple entier de troupeaux mugissans,

Le cours heureux d'une onde libre et pure

Entre des bords couronnés de verdure,

La brebis mère et ses fils innocens,

Les jeunes boucs et leurs luttes rivales,

Et les transports des rapides cavales,

Ou les combats des coursiers hennissans.

Sur l'horizon quand mon œil se promène,

Tels sont, ami, les tableaux et la scène

Que me présente un séjour enchanté

Par le silence et la paix habité.

Un beau verger, couronné par Pomone,

Chaque matin, au sortir du sommeil,

Reçoit son maître, et m'offre un fruit vermeil

Qui doucement à la main s'abandonne.

Mon âme dort; le calme est dans mon sein;

Pour ma pensée il n'est pas jour encore.

Errant sans guide, au hasard, sans dessein,

Je suis entré dans le palais de Flore.

Entre ses sœurs, une rose des champs

Demi-sauvage, et pourtant cultivée,

Sur son buisson avec grâce élevée,

M'a fait sentir une odeur du printemps;

En moi soudain quelle métamorphose!

Un doux zéphyr, le parfum d'une rose,

Ont réveillé la flamme de mon cœur;

Plus de repos, plus de vague langueur;

12*

Je sens, je pense, et déjà je compose.

Mille pensers accourent à la fois;

Je les choisis, ma muse les colore;

Je les rejette et les rappelle encore.

A ce tumulte il faut donner des lois,

Et l'harmonie est déjà près d'éclore,

Lorsque mes pas s'égarent dans un bois

Où du soleil la mobile lumière

Répand un jour ami de la paupière.

Quelques oiseaux, fidèles habitans,

Chantent en chœur sous l'ombre hospitalière;

Et, s'ils n'ont pas les accords éclatans

Ni la fraîcheur de leur voix du printemps,

Ils ont du charme, et par eux la pensée

Dans son essor est doucement bercée.

C'est le moment des heureux souvenirs :

Féconde en maux, plus féconde en plaisirs,

L'illusion, cette immortelle Armide,

Dont la puissance est au fond de nos cœurs,

Du jeune objet de mes tendres ardeurs

Revient m'offrir et la grâce timide,

Et la démarche et le noble maintien,

Ses yeux d'azur, son corps aérien.

A l'horizon que le riant bocage

Enferme au loin dans un étroit contour,

Je la revois. Ce n'est plus son image,

C'est Eucharis rendue à mon amour.

Nouvel oiseau, j'ai déployé mes ailes.

 Dans le bosquet j'entends des voix fidèles;

On me demande au festin matinal.

Adieu les vers, et l'amour et ma belle,

Il faut quitter mon bonheur idéal,

Et cependant un regret me rappelle

A ces plaisirs, le rêve d'un moment.

Rêveur encor, je reviens lentement.

J'arrive : on rit, on gronde ma paresse ;

Un hôte aimable et m'invite et me presse :

Le front serein, les yeux vifs et brillans,

C'est Philémon dans sa verte vieillesse ;

Mais, ô Baucis! la féconde jeunesse

Ne vit sortir aucun fruit de tes flancs!

Et notre ami règne sur deux familles,

Et, couronné par la main de ses filles,

Il voit leurs fils baiser ses cheveux blancs.

Non loin de lui quelle est cette friponne

Au fin minois? Vive, maligne et bonne,

De son esprit son cœur retient les traits;

Il les émousse, et ce demi-sourire,

Et ce regard qui ne veut pas tout dire,

Parlent assez et ne blessent jamais.

Pour l'écouter tout ton cœur fait silence,

Tendre Marie! et, souriant d'avance,

Tu l'applaudis, tu la couves des yeux;

Mère en tout temps, à toute heure, en tous lieux

Aimer Adèle est ta seule pensée.

De Sévigné la tendresse empressée,

Qui, pour sa fille, eut un secret autel,

N'égalait pas ton amour maternel.

J'ai vu sourire une vierge paisible :

Froide au dehors, elle est tendre et sensible;

Mais à paraître elle a trop de pudeur :
Bientôt peut-être une céleste ardeur
Fera briller son esprit et son âme.
Ainsi, dans l'air, une suave odeur
Trahit l'encens allumé par la flamme.
Toi, dont les soins, la prudence et l'amour
Depuis seize ans cultivent chaque jour
Les doux penchans d'un heureux caractère,
Qui, tour à tour indulgente et sévère,
Sensible et sage, offre à nos yeux surpris
Ce que serait Minerve amante et mère,
De ce trésor tu connais tout le prix.
Ton juste orgueil le révèle à son père,
A cet époux, mon ami de trente ans,
Qui te chérit, t'écoute et te révère.
Je lui voudrais des esprits moins bouillans;
Mais il est tendre, et les plus longs orages
De son humeur ressemblent aux nuages
Qu'un ciel d'azur voit passer au printemps.
L'heureux mortel! que sa vie a de charmes!

Entre un sourire et quelques douces larmes,

Il se délecte à regarder son fils,

Qui, comme lui, disciple de Thémis,

Parmi les fleurs de sa tendre jeunesse,

Montre déjà les fruits de la sagesse,

Le goût du simple et des plaisirs permis.

La scène change : au bosquet solitaire

Où, sur le soir, leur penchant les conduit,

J'ai vu passer et la sœur et le frère.

Le père vient ; il avance sans bruit.

D'un pied timide interrogeant la route,

Son cœur palpite et son oreille écoute.

O douce joie ! ô plaisirs ravissans !

Ce sont toujours des discours innocens,

De deux cœurs purs les tendres confidences,

Un simple espoir, un charmant souvenir,

L'heureux accord de deux intelligences

Qui vont de pair, et se font un plaisir

De rendre utile un moment de loisir.

Le père fuit comme à la dérobée,

Et de ses yeux une larme est tombée.

A tout venant il conte son bonheur,

Tantôt à moi, tantôt à sa Julie,

De ses beaux jours l'ornement et l'honneur.

Survient en tiers une femme jolie,

Au doux maintien, à l'esprit vif, léger,

Au cœur sensible et rebelle à changer.

Beaucoup de sens, quelques grains de folie,

Du charme en tout, de la grâce et du trait,

Trop de penchant vers la mélancolie,

Voilà Clarisse, oui, voilà son portrait;

Mais le modèle est mieux que la copie.

Faite pour plaire et sourire et charmer,

Elle aime trop, si l'on peut trop aimer.

Ah! quel bonheur dans une solitude

Ainsi peuplée! Au gré de nos souhaits,

Sans nul souci, sans travail, sans étude,

Le plaisir vient, et vient à peu de frais.

Ami, crois-tu qu'avec toutes les belles

Dont les attraits ont vu tant d'infidèles,

Avec l'essaim de tous les beaux-esprits,

Ses jeux si chers, le superbe Paris

Puisse égaler les grâces naturelles,

La douce paix et la sécurité

De ce séjour, de ce riant asile

Où tout mon cœur s'est mis en liberté?

Pour être heureux il faut être tranquille.

En ce moment sur les cieux argentés

Paraît Diane. Amoureuse déesse,

De son berger, qu'un doux rayon caresse,

Vient-elle encore admirer les beautés?

Je n'en sais rien; mais ses molles clartés

De mon bosquet éclaircissent les ombres;

Sous les rameaux et lumineux et sombres,

Allons chercher ces pensers du sommeil

Qu'une invisible et secrète puissance

Suscite en nous, et féconde en silence,

Pour que l'esprit enfante à son réveil.

FIN DU TOME PREMIER.

TABLE

DU TOME PREMIER.

———◆———

POÉSIES ÉROTIQUES.

PREMIÈRE PARTIE.

FIN DE LA TABLE DU TOME PREMIER.